国 家 出 版 基 金 项 目
教育部人文社科重大委托项目 | 世界女子高等教育及大学女校长研究

世界大学女校长◆女子大学丛书

世 界 大 学 女 校 长 ◆ 女 子 大 学 丛 书
Series on World Women University Presidents & Women's Universities

国家出版基金项目
NATIONAL PUBLICATION FOUNDATION

大学女校长们

Women University Presidents

周丽娜 主编

中国传媒大学出版社
Communication University of China Press

总 序

百年大计，教育为本。世界各国的经验表明，强国梦必须有科教梦做支撑。科教兴国，是中国的基本国策，是从教育大国到教育强国、从人口大国到人力资源强国的必由之路。高等教育处于教育体系的顶端，是联结科技与教育的重要桥梁。衡量一个国家科技和教育水平的高低，在很大程度上要看这个国家高等教育的水平。

回顾大学的发展历史，我们不难发现，一所大学办学质量的高低，往往取决于校长的水平。世界著名大学发展的每个重要阶段，都铭刻着大学校长的办学理念和思想，正如艾略特之于哈佛大学，蔡元培之于北京大学，梅贻琦之于清华大学。研究大学校长的办学理念和思想，是管窥一所大学兴衰成败的途径，而专门研究大学女校长，则独辟蹊径，别开生面。

中国现代教育史上，大学校长虽以男性居多，然而成就卓著的女校长也不乏其人。她们推动了大学的变革，丰富了大学的精神内涵，如金陵女子大学老校长吴贻芳，复旦大学前校长谢希德，东南大学前校长韦钰，同济大学前校长吴启迪，等等。女校长人数虽然屈指可数，但其业绩丝毫不逊于男性同行。大学女校长为高等教育的发展注入了活力，作出了贡献。大学女校长的治校理念、办学风格乃至传奇的职业生涯，确实值得深入研究和细致品味。

女子大学是高等院校序列中的一种特有形式，为世界高等教育的发展作出了重要贡献。著名的女子大学，如韦尔斯利学院、史密斯学院、淑明女子大学、日本女子大学、御茶之水女子大学，以及中国历史上的金陵女子大学、北京女子师范大学、华南女子大学等，都写下了光辉的篇章，是世界高等教育的重要组成部分。研究世界各国女子大学，总结提炼女子高等教育的办学经验和人才培养模式，探索现代女性接受高等教育的多样化形式，对于寻求符合女性特质的教育理念和教育方法，应该说是一种有益的尝试。

由中国传媒大学承担的教育部重大委托项目——“完善中国现代大学制度视域中世界女子高等教育及大学女校长群体研究”课题，对以上两个领域进行了系统深入的研究。“世界大学女校长·女子大学”丛书，就是这一课题的主要成果。这套丛书分为四个系列：女子高等教育系列，考察全球女子高等教育的发展轨迹，呈现其办学传统和教育特色；中外大学女校长个案研究系列，以人物传记的形式深度追踪大学女校长的人生经历，剖析她们的成长历程、心智历练、办学理念和治校方略；女校长群体研究系列，群像式描绘某一国家或地区的大学女校长群体，彰显女校长个性的同时，探寻她们的共性；“世界大学女校长论坛”图文集锦系列，汇集展示了大学女校长在历届论坛上的真知灼见和绚丽风采。四个系列，四十余本，蔚为大观。

“世界大学女校长·女子大学”丛书，也是“世界大学女校长论坛”历时十三年深入研究高等教育及女性培养结出的硕果，是深化论坛主旨、促进女性事业和教育事业发展的学术行动。丛书的写作，依托“论坛”这一平台，深度访谈和研究了参加历届论坛的大学女校长，系统整理了多年积累的学术成果，可以说，“论坛”既是女校长们交流合作的舞台，也是本套丛书得以出版的重要基础。

自1995年北京第四届世界妇女大会召开以来，世界妇女运动取得了长足的进展，性别平等的高端主题——女性领导力，也已经是全球关注的议题，与女性学相关的课程在中国高校已经四处开花。今天，有识之士都深刻认识到，女性在社会各个领域的创造力和领导力，是推动社会全面发展的动力之一，也是人类文明进步的重要标尺。“世界大学女校长·女子大学”丛书，对于提升女性领导力，具有重要的参考价值，对于知识女性的成长具有积极的引导意义。

大学女校长是高等教育、女性、领导力的集结点，是知识女性的杰出代表，是自尊、自信、自立、自强的典型，她们不但为高等教育的发展作出了应有的贡献，更以自己坚韧顽强、宽厚包容、无私奉献的品质与情怀，阐释了女性领导力的独特内涵。对于广大女性来说，她们是教育典范和女性楷模，具有榜样的力量和示范的价值，定能引领青年女性沿着正确的道路勇敢前行。

女性的发展，既需要社会各方面的支持，更需要女性自身具备积极进取的意志和宽广博大的胸怀。希望丛书的研究成果能产生广泛和深远的影响，为女性高等教育提供宝贵借鉴，为精英女性的成长与成功给予智力支持；促进全社会更加重视女性平等的教育接受权和职业发展权；激励正在为打破“玻璃天花板”而奋斗的新一代女性，为女性领导力的培育与提高奠定坚实基础。

是为序。

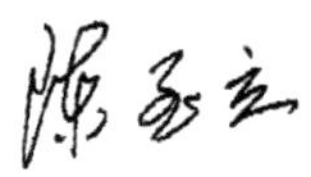

2014年7月

前　言

我在中国传媒大学工作近五十年，其中有三十多年在学校领导岗位上任职。这些经历让我有更多的机会体悟、思考女性接受高等教育的重要、女性走向领导岗位的不易。

早在1996年，我即萌生组织世界各国为数不多的大学女校长进行交流合作的想法，但当时忙于学校的学科建设和转型，这一想法被搁置下来。直到2001年，在诸多同事的帮助下，我才将这一构想变成现实，召开了大学女校长"新世纪高等教育发展战略国际论坛"。此后论坛每隔两至三年举办一次。2006年，论坛挂靠中国教育国际交流协会，组建了世界大学女校长论坛组委会，负责论坛的筹划、组织工作；2009年，在江苏有关部门的关心和支持下，成立了江苏中外大学女校长教育发展基金会，为论坛筹集资金。迄今，世界大学女校长论坛已在中国北京、南京、厦门举办五届，并在新西兰、日本、美国、土耳其、津巴布韦和墨西哥等地召开六次分论坛，吸引了79个国家的800余人次大学女校长。

十年来，在与各国大学女校长的交流互动中，我深刻地感受到，女性在高等教育领域作为决策者和领军者可谓凤毛麟角，其人生历练和办学实践值得浓墨重书。翻阅每位女校长的简历、细读她们给论坛提交的论文，总能激起我发自内心的共鸣，赞佩她们的治校理念、管理智慧和人格魅力。每一位女校长都拥有鲜为人知的心路历程、卓尔不凡的领导能力与永载史册的辉煌业绩。

我的一位好友、著名女性传记作家赵凤翔教授曾说："女人要写女人。"这给了我很大启发——女校长要研究女校长。追溯大学女校长成长、成才、成功的道路，总结女性领导力的形成规律和独特优势，开展大学女校长及女性领导力研究，出版相关研究成果，就成为"世界大学女校长论坛"活动的自然延伸。

2010年，我们筹划设立了"完善中国现代大学制度视域中世界女子高等教育及大学女校长研究"课题，组织来自中国传媒大学等单位80余人的研究团队，选定34个国家80余位大学女校长，进行个案研究和群像描绘；对23个国家的女子大学进行历史梳理与全面考察。2011年，这一课题获得教育部人文社科重大委托项目立项；2013年，由该课题主要研究成果结集而成的"世界大学女校长·女子大学"丛书，获得国家出版基金资助。

这套丛书由四个系列组成，具有三个鲜明特点。四个系列：女子高等教育系列、中外大学女校长个案研究系列、女校长群体研究系列和"世界大学女校长论坛"图文集锦系列。三个特点：一是全景式描述。丛书对世界范围内大学女校长及女子高等教育，首次进行比较全面的观照和挖掘。女校长研究既有共性的揭示与比较，又有个性的剖析与呈现；女子高等教育研究既有全球视野的巡礼，又有具体国别的探究。二是人物传记式的写作方法。丛书以访谈当事人、发掘第一手资料为基础，研究和写作的过程力求再现传主的人生轨迹、突出其办学理念和治校业绩。三是可读性强。传主的真知和作者的匠心历历可见，读者能够在图文并茂中感受到智慧和灵感的融会。

这套丛书是对女性通过教育追求真善美、通过自身努力彰显智仁勇的真实颂扬。著名女作家冰心曾说：这个世界如果没有女人，就会失去十分之五的真、十分之六的善、十分之七的美。女性不仅是真善美的化身，也应是智仁勇的写照。阅读这套丛书，我们可以了解到，女性如何通过交流互鉴，凝聚智慧、取得共识；体认困境，直面现实、自立自强；付诸行动，同心同力、坚持不懈。

这套丛书是对“女性是改造世界的温柔力量”的生动诠释。置身于男性居主导地位的社会管理体系中，女性要取得成功，需要充分展现女性特质，发挥女性优势，要以女性特有的视角观察、思考、解决问题。阅读这套丛书，我们可以看到女校长们如何在战略决策上，高瞻远瞩，运筹帷幄，引领未来；在具体工作中，体贴入微、心系师生，用愿景激励师生，用行动示范师生，用厚德包容之心协理校务；在领导风格上，追求完美和精致，重视以人为本，在管理中实现个人的发展与事业发展的契合。

这套丛书是对高等教育及大学女校长社会价值的全面展示。众所周知，高等教育是形塑社会结构及价值体系的重要载体，大学校长是具有社会象征、示范和引导意义的特殊群体。女性接受高等教育、女性担任大学校长，在改变高等教育生态的同时，也在潜移默化地影响着社会结构变迁、家庭角色分工、社会责任担当、时代价值导向。阅读这套丛书，我们可以看到女子高等教育和大学女校长的发展历程，正是社会不断进步、两性趋于平等的见证，而她们成长的艰辛和不易，也呼吁现代社会迈向更加平等、公正、和谐的完善之路。

丛书已然油墨飘香，感激的话语也充溢心头。感谢江苏中外大学女校长教育发展基金会为项目提供启动经费，感谢教育部将此课题列为人文社科重大委托项目，感谢国家新闻出版广电总局提供国家出版基金资助。特别感谢十一届全国人大常委会副委员长、第十届全国妇联主席陈至立女士担任项目和丛书的总顾问，并欣然作序。

感谢这套丛书的传主、作者和编审们。他们在繁忙的本职工作之余见缝插针，千方百计，保证了任务圆满完成。传主们倾力支持、积极配合；作者们夜以继日，数易其稿；编审们孜孜不倦，精益求精。这种认真负责的精神，令人感叹。课题跨越四载，屡遭挫折，历尽艰辛，常常使我们困扰于“山重水复疑无路”，而殚精竭虑之后的新意迭出，又使我们惊喜于“柳暗花明又一村”。我相信，不久的将来，作者之中定会有著名的传记作家、女性研究专家脱颖而出。

感谢中国传媒大学文科科研处、出版社，为项目的完成和丛书的出版提供了有力保障。丛书煌煌五十本，从策划、组织、申报、撰写到编辑、装帧，学校教师及出版社职工都是主力军，都是可靠、堪用、高效的突击队。如今项目和丛书按期完成、保质保量出版，我要向他们衷心致谢！

任何一项事业，都是“一人启其端，百人扬其华”。我只是一个组织者、牵线者，项目得以完结、丛书得以问世，应归功于各位热心的支持者、参与者。让每一位年轻的女性都能自由地筑梦、勇敢地追梦、幸福地圆梦，是我最乐意为之奔忙的事业。我们期待，有更多的有识之士能参与到这一有意义的工作中来。

刘继南

2014年7月于北京

本书汇集了法国、俄罗斯、美国、拉脱维亚、土耳其、塞浦路斯、墨西哥、牙买加、波兰、古巴、芬兰、德国、罗马尼亚、新加坡、印度、柬埔寨、挪威、瑞典等18个国家二十多位大学女校长的个人成长经历和治学治校经验。有的文章是由校长亲自撰写的，有的文章是由采访者撰写的，因此每篇文章的视角与写作风格各有千秋，从不同角度展现了大学女校长们的多重角色和多彩人生，具有较强的可读性。

This book collects more than 20 women university presidents’ personal growing information and experience on university running and management from 18 countries all over the world, including France, Russia, US, Latvia, Turkey, Cyprus, Mexico, Jamaica, Poland, Cuba, Finland, Germany, Romania, Singapore, India, Cambodia, Norway, Sweden. Some papers are written by presidents themselves, some are by interviewers. Each paper shows different contents from different aspects and writing styles, focusing on women presidents’ colorful life and multi-roles. It is much attractive.

目 录

对自身使命负责：大学管理的真谛

法国国际影视艺术学院院长克里斯蒂娜·里德

时晓冉/译

我是法国国际影视艺术学院（The International Film School of Paris）的院长，这所学校是一所私立的高水平的国际化传媒院校，致力于电影、电视等传媒领域相关专业的教育学研究。不管是作为艺术家还是管理者，十二年的院长生涯对我来说，都是一笔宝贵的财富。作为院长，我注重了解学生们在学习设备、师资力量和课程设置上的需求，以便于他们在完成学位课程后就能在影视行业大显身手或者开办自己的公司。

然而，当你遇到预算限制和保持投资平衡的现实要求时，问题就来了。这就需要你作出抉择，但有时老师们会对你的抉择提出质疑。因为他们不能宏观考虑预算的配置问题，当然，他们也没这个义务。这时你不能试图取悦每个人。不能满足他们的预算需要，更要关心他们，鼓励他们，听取他们的建议，在做下一次预算时尽可能满足他们的需求。

私立学校可以提前得到拨款，它的好处是你可以更早制订支出计划，但每月都得进行财政监控，避免超支。日常监控是很重要的，因为学校在技术设备上的花销很大。当我刚接管学校的管理工作时，我被指派的第一个工作是任命一位技术总监来监控资金需求。如今，设备清单已经提前列好，本学年的设备预算资金也分配到位。以前，老师们可能会提出各种各样不合理的资金要求，如果我拒绝了他们，那么他们就会把消极的情绪宣泄到学生身上，学校的管理也会失去威信。

我是1995年来到巴黎国际影视艺术学院的，那时学校很小，很年轻，充满生机。我对教学质量很有信心，但有些教师不重视学术研究，很散漫。经过多年的成长，如今这所学校已在法国的私立学校中名列前茅。

当我初来学校时，我的任务是熟悉学校管理的每一个层面，进行改革，使学校放眼全球市场，但由于财政原因使得学校管理运行并不是很理想。这和小型企业的管理者们只重视创新性而忽视繁冗的财政预算是一个道理。因此，我的工作重点就是为学校拉赞助。作为一名女性，说服投资者和银行家们并不容易。很偶然地，我曾和一位女银行行长进行过一次谈话，她相信我、相信这所学校及其快速发展的潜力。一旦我从银行那儿得到了支持，劝说其他投资者来投资就会相对容易些。

作为一所私人学校的管理者，从内因讲，我的工作难点在于处理老师、管理者和学生对于资金的要求。如果其中的任何一方感觉到他被忽略，那么整个团队都会受到影响。为了处理这种微妙的平衡关系，我必须从行政人员和老师那里获得信心。在一个以男性为主导的社会中，这显然不是一件容易的事。但不管怎样，我坚信如果让他们确信女性也有领导力量，那么他们也会支持你。

当1995年我第一次来到这个学校的时候，正如我先前提到的，它是一个只有160名学生的小学院，对个人的管理简单明了。在所有领域我都可以以我个人的方式进行管理。我可以和师生进行非正式的谈话，鼓励他们，和他们进行思想交流。那时，做决定和完成项目的时间、花费都很少，并且交流也很直接便捷。我把自己视为团队的一员。全体教员可以看得到他们努力的成果以及遇到的困难，绝大部分人都怀着激情进行长时间的工作。很多人意识到他们对学校的发展起着至关重要的作用，因此，即使工资待遇不是很理想，他们的工作仍然很让人满意，他们相信当条件允许时，我将公平地提高他们的工资。信心的建立对于这一时期成绩的取得起着非常重要的作用。

我采用的管理方式仅凭我自己的直觉，有时把握这个度是很困难的。尽管有偶尔的犹豫，我还是会采取积极的方式，我得向每个人传达一种力量和信心。我会很幽默地处理问题，这种方法我相信总是会有回报的。在当时，一个独裁做法将会制造管理人员和工作人员的裂痕，我不能让我的团队花费时间和精力在这上面。不平等的负能量很容易蔓延，这会破坏工作环境，也必然会破坏整个学校的名声。

如您所知，商业协会在法国是很强大的，被“赞助人”经常受到怀疑，但我会向他人证明我是一个光明磊落的人，我只不过试图领导每个人走向成功。然而，这条通向成功的道路会受到来自外界的侵扰，要有一系列的审查，比如工资审查、工时审查、协会审查、财政审查等，没完没了。当人们纠结于这些审查时，那些审查者还会认为你刻意隐藏了很多东西。另外，审查极其耗时间，通常要花几个月，它让人感觉压力很大。

这就使得通过改革和创新让一个学校永葆活力变得很困难。这些事情出现在学校发展期，审查所需要的资料都积压于尘封的箱底，落满尘埃。不断地翻旧账应付审查，阻碍了本应不断改革的用人机制和日常管理。不仅如此，员工们焦躁不安，他们的精力被分散，最终校长要花很多时间来整合过去的文件，那些映照出过去的并且本应该忘记的艰难时光。所幸如今电脑技术的发展降低了搜索整理那些可怕的文件的难度，但在当时那个年代，做这些工作只能依靠纸张。

在我任职的这五年中，法国国际影视艺术学院在规模上比原来扩大了四倍，在这个互联网改变很多领域的时代，学校也发生着日新月异的变化。随着新院系的开办，我越来越明显地感觉到，学校的继续发展不能再仅仅依赖于员工良好的意愿和我自己的推动力了。我不得不通过开会获得来自各个领域的清晰的目标，同时，建立一个内部交流组织。起初，引进先进的控制管理系统非常难，因为员工们很难适应这些新的运行体系。一些人因此丧失了积极性，因为他们太习惯于以前的工作方式。其实，在某些方面我也发现很难做，毕竟积习难改，但是，一个好方式对学校的未来发展有很多好处，因此我还在继续推进。

到2004年，这所学校已经发展成为拥有100多名教授、20多名行政员工、12个院系、900多名注册学生的学校，显然，我先前用的那些非正式的方法已经被永远地取代了。但是，学校的原始宗旨没有变："尽可能地给予学生们最好的教育和学习环境，让他们实现自己的梦想。"

起初，这种新的管理方式好像降低工作效率，以前我一天就能传达的信息，如今需要两天的时间。然而有趣的是，如果你想让事情干得漂亮并且保证它们真正融入到他人的思想和观念中是非常重要的，从宏观上讲，就是要整合他人的要求。最终，当人们熟悉使用新软件和新系统，他们发现工作变得更容易、快捷、透明，并且很容易组织。犯的错少了，学生们的课程更加规范，老师们也更守时了。控制系统的服务质量很高，把学校带进了一个新纪元。

不过，学校的财政问题占用了我很多的时间。为了更密切地进行监管，我不得不寻找接班人，让我可以委派他们管理学校的日常事务。幸运的是，我在学校内部找到了这样的人。这些人被提拔到管理岗位。其中，我选拔了一部分女性，从结果来看，我的选择是正确的。我发现女性不太关心职位升迁，她们更实际，对未来的工作准备更充分。她们理解我，同时，能放眼全球，我喜欢她们那种带着自信的交流。

就电影技术领域而言，还是以男性为主导。我不断鼓励女学生们在传媒界扮演领导角色，而不是把领导角色拱手让给男性。因为如今巨大的传播力量需要女性在全球化浪潮中寻求彻底的平衡。

我想，尽管在影视视听领域男性占主导，但我还是获得了尊重我的艺术背景或许帮了我很多。面对困难，我也从来没有惧怕过。我很喜欢和学生们谈话，和他们谈论课程，交流思想。我鼓励他们坚持自己的理想，相信他们前程似锦，即使在压力下也要不断坚持。

我的社交活动很少，在做校长的第一年我也很少顾家，因为我的工作时间总是相当长。然而，我把教育当作一种事业看待。我们把下一代培养成专业人才，给予他们关注和爱。一个学生的大学时光对他的整个人生都是至关重要的。不仅为他未来的事业打下基础，而且决定了他未来对待生活的态度。我们深知大学给我们的影响，这就是为什么时至今日，一些教授的思想言论还在我们脑海中久久挥之不去。我们必须对自身的使命负责，这就是学校管理的真谛之所在。

作为大学管理者、地质学家、设计师和作家的我

俄罗斯伊尔库茨克国立技术大学前任校长赖莎·罗贝茨卡娅

李洁/译

我是俄罗斯伊尔库茨克国立技术大学的前任校长，现在是这所学校宝石学系的主任。在这份报告里，我将通过地质学、宝石学和文学创作的不同经历，来同各位分享我个人的成长经验。

1970年，我作为一名地质学家从伊尔库茨克国立技术大学毕业。我的亲人都劝阻我去地质专科学校。他们试图让我认识到，远离家人、每年在北方针叶林的恶劣条件下从事三个月的考察工作，对一个女性来说是多么艰苦。然而，我还是坚持了自己的想法，未曾后

悔过。作为一个地质学家，我拥有饱览壮丽山河的机会。

我的研究重点是地壳断层以及伴随断层发生的地震。1989年，北美地区发生了一场毁灭性的地震。在地震发生之后，我作为一名政府机构工作人员，积极地参与了在那里的地质研究，在北美一待就是两年。除此之外，我还在西伯利亚山区、贝加尔湖、堪察加半岛、高加索地区、克里米亚半岛、帕米尔高原、天山山脉、喀尔巴阡山的苏台德地区以及中国的一些山区进行过地质研究。

根据我的研究，我已经写成了12本专著和170多篇文章，并在许多国际会议上作了报告。我始终追求论文的科学性，也因此成为伊尔库茨克国立技术大学教授，并入选了俄罗斯自然科学学会和国际信息化学会的学者。

从2003年到2008年，我担任伊尔库茨克国立技术大学的副校长一职，负责学术事务和信息技术工作。在我的倡议下，伊尔库茨克国立技术大学开始进行贝加尔湖沿岸的地质研究，并对中国和欧洲的一些大学生进行了地质学和生物学的培训。

由于在地质学和俄罗斯高等教育方面的贡献，我获得过一些嘉奖，比如“俄罗斯杰出地质学家”、“俄罗斯高等教育荣誉员工”等等。除此之外，由于我发展了和中国一些大学的教育合作关系，中国湖北省政府授予了我“团队之钟”的称号。索罗斯国际基金会曾两次授予我“索罗斯教授”的称号。

从以上的经历看来，我在地质学、教育、大学组织方面都取得一些成绩，似乎我的生活也没有必要作出任何改变。然而，生活本身在改变。

20世纪90年代初，俄罗斯的经济结构发生了巨大的变化。苏联解体成几个独立的国家，我出生成长的地方——俄罗斯，也开始了全球化的重组。全球化影响了我们生活的各个方面，包括高等教育系统。新的形势需要我们对新的领域进行知识培训。考虑到时间的紧迫，我在伊尔库茨克国立技术大学成立了一个新的学院，在那里我和我的同事们开始培养在“艺术材料加工技术”方面的人才。

我住在西伯利亚，那里基本的艺术原料是颜色丰富的宝石、半宝石和首饰石。我认为最受欢迎的培训就是与珠宝鉴定和珠宝加工有关的内容。在20多年里，我们学院培养了很多非常有天赋的珠宝设计师，他们创作了大量的珠宝杰作。很多毕业生在我的帮助下也在科学领域获得了一席之地。

新部门的组织和科研方向的改变，为我写书和写论文提供了新的素材，我从此不再局限于地质学领域，还涉及设计的领域。从我童年开始，我就对艺术非常感兴趣，从来没有落下任何一场在我们城市举办的艺术展览。凡是我去过的城市和国家，我都参观了他们的艺术博物馆。地质学、矿物学、宝石首饰、艺术和设计等方面的综合知识，为我工作方向的转移奠定了基础。

我写的关于伊尔库茨克珠宝350年光辉历史的书，获得了巨大的成功。这本书为伊尔库茨克独特的历史撰写了新的篇章，不仅仅是我的学生，还有很多市民都能从中学到一些东西。在17到19世纪，伊尔库茨克是西伯利亚有名的珠宝之都，自那时起就已经形成了一些流传至今的传统。我在这方面的研究受到了卡尔费伯奇国际基金会的关注，并且由于我对俄罗斯珠宝业的贡献而获得了“迈克尔·柏林”徽章。

如今，世界在飞速发展，而教育的领导者，尤其是女性，不能对正在发生的变化视而不见。如果你的想法和期望跟不上时代的潮流，你是不能带领好同事和学生的。同时，当你在领导教职人员时，你不能让他们失去个性，同时还要亲自为他们树立一个不断学习进步的榜样。

发扬和支持优良品质，有很多方法。其中一个方法就是增长专业知识，这当然需要主动性和勇气。我改变了研究方向，设立了一个新的院系，开始教授新的学科，并且培养年轻的科学家在新的科学潮流中发展。这也让我有机会证明自己作为领导和科学家的能力。

我还把很多精力用在了文学上。这听起来可能很奇怪，然而文学和地质学、珠宝学一样，确实是我的另外一个专业。的确，它不是一个爱好，而是一个专业，不能只把文学创作当作一个爱好，它需要很高的专业水平、技能和天赋。

在我年轻的时候，像很多同龄人一样，我会自己写诗。诗歌所启发的想象力和隐喻式思维，帮助了我从不同角度去洞察社会进程和现象。如果在富有想象力的基础上，还有些智慧和感情，再加上多年的地质学工作和去人迹罕至的地方游历，这些诗就更像散文了。尽管我还不能作出如散文般的诗歌。

最初，我在旅途的时候写下很多文章，比如《帕米尔高原日记》、《从中国的博客说起》、《两个东方威尼斯》、《柬埔寨是一种忧伤》等等。然后我又写了一个类似自传的小说。文中讲述了那些促使我前进的性格迥异的人、令我印象深刻的美丽城市和国家，还有我第一次的教学经历。

在长篇故事中会出现一些短篇故事，你需要用恰当的故事和情感来丰满这个素材。后来，我创作了我的第一部小说。这是一本描写全面且有侧重的书。每一种新题材的应用，都反映了我在文学方面一步步的成长。最后，在2013年，我写了第一部剧本。我慢慢接触并掌握了文学中最难的体裁——戏剧。

我的文学作品被出版成了三本书，分别是《态度》、《赫拉克利特法》和《高凳上的精确肖像》。还有两本书也正准备出版，它们是一本小说和一部诗集。我在6年前入选国际作家协会的“新当代”作家。文学团体认可了我的专业性。我两度成为“俄罗斯金笔”国际文学大赛的冠军，这是个有关诗歌的重要比赛。2011年，我获得了俄罗斯诗歌界最具盛名的奖项之一。那就是“谢尔盖·叶赛宁”奖。

我与大家分享了自己生活的部分内容。我知道我有能力激励我的学生，并在某些方面成为他们的榜样。在俄罗斯有两句谚语，分别是“流水不过不动石”和“只有不断前行，方可获得成功”。我认为这两句话在任何时代、对任何人都适用，特别是对那些为自己的目标努力奋斗的女性。她们对工作充满热情，也通过她们自身成功的例子使得身边的朋友和同事折服。

快乐而危险的人生

美国纽约市立大学系统史泰登岛大学校长施普林格

美国一位著名舞蹈家曾说："当生活做重要决定时是不会鸣笛的，众所周知，命运总是保持沉默。"回顾迄今为止我的生命旅程时，我知晓了这句话的内涵。

回首过去，人生宛如一个个蒙太奇：父母坚信我一定能考上大学，并且肯定能以某种方式筹集到所需要的钱；我向扶轮社基金会申请奖学金，然后前往印度加尔各答游学；接下来选择去研究生院学习英语和美国文学，获取博士学位。之后我做了许多重要的决定，包括职业和生活两方面。我在一所大学里教书18年，然后成为全职管理人员，最后成为校长。从校长位置上退休以后，我开始了人生的另一个阶段——搬到美国南部的新家。目前，我在佛罗里达州和纽约市立大学当教授。我有一位知心丈夫和引以为豪的两个女儿、两个外孙。个人生活和职业总是相互交织的，我很幸运它们相互补充、互有助益，但我得承认，是个人生活引导着我的职业生涯。

我有着丰富的童年生活。我的父亲是个气象员，先是在美国气象局工作，然后在二战期间参加美国空军，接着又回到美国气象局。由于父亲工作的原因，我们经常搬家。我仅在二年级这一年里就换过四个不同的美国学校。十一岁那年，我们移居到菲律宾，我父亲在那里负责重建战争时被摧毁的太平洋天气预报系统。我最清晰的关于菲律宾的儿时记忆，就是目睹了战争的巨大破坏以及它给人类带来的痛苦，当时马尼拉事实上已经被多国占领并摧毁。直到今天，那座城市的断壁残垣还萦绕在我眼前。

在菲律宾时父亲得了肺结核，需要尽快返回美国治疗，父亲在疗养院住了两年。在此期间，母亲、弟弟和我住在美国南部的田纳西州查塔努加市附近的一个小城镇上。当时，美国南部几乎被完全隔离，白人和黑人按照严格的隔离规定居住，对黑人的歧视现象也屡见不鲜。虽然我和非洲裔儿童比邻，和他们一起玩耍，但是我们不能够一起去上学，不能坐在公共汽车的同一区域，不能在餐厅的同一个地方吃饭。在我的灵魂中，种族隔离和战争都是罪恶，需要强烈反对。从那时起，反对战争和争取种族平等就成为我的政治目标——最后我加入了维护妇女权利的战斗，因为我开始意识到我们文化中对女性的偏见根深蒂固。

父亲一出院，我们就搬到肯塔基州的路易斯维尔市。上完中学后我拿着奖学金去了肯塔基州中心学院就读。我非常积极地参与学院的活动，并因此幸运地赢得扶轮基金会奖学金。该奖学金能支付我去印度加尔各答游学的所有费用，在那里我要学习为期九个月的印度哲学，然后周游世界，返回美国。在加尔各答，已经二十一岁的我，甚至没有意识到，多年前对于一个年轻女子单独完成这样的旅行是多么的不寻常，我想上帝一定在眷顾年轻而天真的学生。

我进入了当时就有大约4万名学生的加尔各答大学。我被告知，除我之外在学校只有一个外国学生，一名我从来没有见过的澳大利亚男生。我很快就意识到，研究印度哲学在逻辑上非常困难，因为我不懂梵语，而且这里没有预科课程。而此时加尔各答大学卷入了一场较大的政治冲突中，八个学生在大学附近被杀害，继而发生了长期的学生罢课。大学被迫关闭，我利用这段时间联合其他四位扶轮社成员，租了一辆车，开始了穿越几乎整个印度的长途旅行。事实上，比起梵语课堂，我从那次印度旅行中学到了更多的东西。

那时印度是一个贫富差距大得惊人的国家。当参加完富人的招待会和联谊会之后，我走访了印度农村贫困地区，亲眼目睹了贫富差距生动写照。回到加尔各答后，我随赫赫有名的特里萨修女去了她的家，她的家是加尔各答街上垂死的人的住所，她的家也是被遗弃的孩子和各种各样受蔑视的人的避难所。这个经历差不多改变了我的人生。我去印度时抱着以后会成为大的跨国公司执行官的梦想，而印度的这段经历让我决定通过传授思想，对周围的世界尽绵薄之力。此后我致力于学习英美文学，尝试教一些诸如“什么是已知的最好的”思想。我有一个更现实的愿望：激发学生的好奇心，促使他们到世界各地旅行，并激发他们审视自我，找到自己的路，过有意义的生活。

为了能到大学教书，研究生的学习是必要的，不过在研究生院，我所面临的任务异常繁重。整个研究生阶段，我必须努力工作赚钱付学费，经过九年的漫长岁月，我最终获得博士学位，并在密苏里大学找到一份全职工作。在这九年里，我结婚并生了一个孩子。当参加为期一周综合测验的时候，我怀孕了而且反应很厉害，我不能确定我的恶心是因为怀孕还是由于紧张。四年后，我有了第二个女儿，现在她们都是成功的律师。

我喜爱教学，即使颇费周折，我也坚持了下来。当时美国的大学都不愿雇用夫妇俩在同一个部门工作，而我的丈夫任教于美国堪萨斯大学，这意味着我每次上课要往返大约一百英里。当看到学生们在伟大的文学中探究思想，了解自己以及周围的甚至更远世界的新知识时，我就抑制不住内心的激动。此外，与学生们一起经历令人兴奋的探索，洞察心灵，我心驰神往。

我的教学经历又因我以前的"旅行癖"而丰富。我和丈夫接受了传尔布赖特法案基金会的任命，赴巴西里约热内卢教学一年。我们带着两个年幼的孩子，一个3岁，一个7岁，贯穿整个南美洲，乘着小船顺着亚马逊河旅行，还能观赏伊瓜苏瀑布。在那里我们享受到前所未有的激动人心的挑战——面对具有不同背景和文化的学生。例如，曾经班上一个学生的父亲是军队的指挥官，负责管理一个关押政治犯的集中营，而另一个学生的男朋友因积极参加政治活动，被警察从一幢高楼上推下，她永远地失去了男友。在这样的班级我尽量不去讨论当地的政治话题，但是当我教到亨利·戴维·梭罗的

《论公民的不服从》时，我很难做到。

在经历了十八年的教学生涯后，我意识到在我的职业生涯中需要寻求新的方向。我做了一个大的跨越，转向了管理方面，这在我的职业生涯中是很偶然的一次改变。

在密苏里大学堪萨斯城担任研究生院长几年后，我接受了北卡罗来纳州格林维尔市东卡罗来纳大学副校长一职。一夜之间我的工作从管理8人增加到管理1200人。我搬到一个小镇上，那里没有我认识的人，虽然我有多年的教学经验，但是对于这项管理工作的开展，我几乎是没有经验的。然而，我有一个坚定的信念，作为女性，你必须敢于做明智的冒险。

在北卡罗来纳州的五年是艰难而又幸运的。副校长的职务给了我机会，我能够尝试去纠正一些历史性的错误，我们在聘用有能力的黑人方面有了进步。这是我颇以为荣的经历。

东卡罗来纳大学有自己的校园文化，那就是坚定地追求高水平的大学生足球运动。但我不支持大学把运动置于第一部门的地位，因为我亲身体会到专注发展运动会大量地消耗本该用于学术研究的资源。很多美国人不同意我的观点，我是少有的不会被这一过程所吸引的人，我怀疑自己总是站在少数的一方。在东卡罗来纳大学，我的贡献主要是：聘用院长、建立新的专业学院，以及重组现有秩序。对我来说，那是一个学习的阶段，那里有许多我的导师，我非常感谢他们。

5年后我接受了史泰登岛大学校长的职位，史泰登岛是纽约五个区之一，而史泰登岛大学是纽约市立大学系统的一部分，学校有13000名学生。我是这个大学历史上来自美国南部的第一位女校长，但是，我没有意大利血统，而意大利文化正是史泰登岛官方的主导文化。于是我尽量从具有各种文化背景的优秀人士那里争取帮助，一待就是十三年，直至退休。

在史泰登岛大学当校长的那些年是令人兴奋的——其中有些经历非常有趣。我遇到的一件滑稽而富有挑战性的事情是处理常住在校园里的一百余只鹅，鹅群给校园造成了混乱的局面。为了解决这个问题，我们进口了一只牧羊犬，它的工作就是每天早上追赶鹅。这只叫“春蕾”的狗每年可以为学院节省超过6万美元的支出，因为我们不再为驱逐那些鹅而给草地喷洒农药了。春蕾也被纽约的媒体曝光，享受着它的“国际声誉”。

当然，日常生活中也有一些问题是很严重的。“9·11”事件后，纽约市高校领导深刻意识到校园是一个薄弱环节。在史泰登岛大学就能看见世贸中心大厦，在那段混乱的日子里，这个地区失去了很多可爱的人。未来还是巨大的未知数。还会有恐怖袭击吗？他们藏在哪里？206英亩大的校园是个明显的目标。当我意识到校园并不安全时，我们立即实施紧急预案。

美国大学有一套很繁琐的教员评定系统。一经录用，教员必须在自己的学科领域做研究，发表文章，积极参加机构的管理，当然还要教一系列要求严格的课程。五六年后，这个候选人是否能成为有终身任期的永久性教员取决于大学，大学同僚委员会将对他进行评估，然后把结果传达给校长。如果候选人没有通过评估，他就必须去找另一份工作。这是一个艰苦的过程。但是它已经成为教学质量控制的重要方面，为美国的大学赢得了良好的声誉，同时这也给校长带来一个“沉重”的负担，因为这一过程会影响大学教师的“下一代”——年轻教员的未来。我正好赶上这样一个时期，一些教职员即将退休，或者他们认识到在即将实施的更高学术考核标准下，可能不能被提拔，于是选择离开。因此，我聘用了一些有足够智慧的年轻人，他们在自己的学科领域已是国际知名。回首这项工作成果，我总怀有一些自豪感。

在我任职期间，学校加强了课程的学术严密性，并要确保学生达到相应水平。史泰登岛大学是一个开放的学校，任何有中级文凭的人都可以入学，但是这并不意味着每个学生都准备好或者愿意为了成功去努力学习。对于那些没有准备好的学生，我们采取了补救措施；对于那些不愿意或者不能为了成功奉献自己时间和努力的学生，我们不得不开除他们。因为大学的预算是由招收学生的数量决定的，学生数量越多，预算越高，因此，开除学生是一个既困难又必须要做的决定 。因为这是保证学校教学质量可以采取的唯一可靠的方法。

过去的经历让我清楚地认识到国际经验对于学生、教师和工作人员的价值。在史泰登岛大学，我大大拓展了国际项目。我们积极开展与中国、印度、厄瓜多尔、越南、土耳其、希腊、意大利、英国等国大学的交换活动。我在离任之前还寻求与阿拉伯联合酋长国交流，这将为我们的学生打开通往世界的大门。毫无疑问，各国之间合作最清晰的路径是通过交流知识经验，分享个人生活，从而达到互相理解。我们还为那些有高远理想的中学生建立高中学校。这一举措受到纽约市教育部、纽约市立大学、纽约的亚洲协会的支持。通过学校的共有基金，学生和老师们能够更早地得到国际游学的经历，将其他文化的精华注入自己的生命里。由中国传媒大学名誉校长刘继南发起的世界大学女校长论坛，对我个人而言非常重要，对史泰登岛大学和国际学术界也是很重要的，这是一个奇妙的想法，它把我们这些女校长汇集到一起来。

学校也设法做其他的进步。我们修改了学术课程，保证很有规律地教授和研究东西方文明。我们增加了新的博士科目，而且摒弃了陈腐的学科。我们开始计划在校园里建造宿舍楼，这个计划将把学院从非寄宿制学校改成寄宿制。这样的计划对于我，对于学院本身都是值得期待的。

然而，如果我不简短地谈谈我们尝试创业的挑战与失败，那就不诚实了。学院的预算总是很紧张，依然非常依赖纽约市财政和华尔街的税收。我们一些校舍需要及时修理，部分原因是由于错误的建设和正常的磨损，因为每天都有成千上万的人在使用。私人慈善事业的支持也不如预期，但是学生的奖学金总是要有的，特别是对已成家的学生，他们还在为养家而兼职。当地政府随着当地、州或者国家的选举而变动，我们必须获取新的信任，建立新的关系。财务的不稳定性使预算和计划就像艺术和科学一样，一个基于想象，一个过于精确。但是所有的挑战只是工作的一部分，我一直努力战胜它们。

为了扩大学校的国际知名度，我积极参加区域性或全国性的学术组织。我是很多美国州立大学的会员，还是美国教育理事会的成员，而美国教育理事会是美国高等教育中最重要的组织。在纽约市，布隆伯格市长邀请我做他的委员会副主席，修订城市治理结构规划，参与讨论妇女问题；这让我和其他委员会成员有了宝贵的接触机会。

任职期间，我发现很有必要继续坚持写作和研究，这既是为了保持我的学术头脑，也是为了保持对教员的尊重。在全职投入到管理工作之前，我已经写了五本书和很多学术文章，我确信这是得到校长任命的重要因素。然而，众所周知，教员不会容许他们的校长只吃老本。我最喜欢的一篇文章是我为同僚们写的，题目是《校长是旅程而不是终点》，被美国教育理事会出版在《任期》（2003年冬季号）上。在那篇文章中，我这样写道：作为教育者，我们是教育世界的附属；我们从不对教育工作掉以轻心，也从不低估教育的回报。

当我回顾我当校长的这些年，我有些敬畏，刚开始的时候我是多么的天真，在工作上我有很多的东西需要学习。幸运的是，我可以从错误中总结教训，学到东西。我不得不学会忍受大学里普遍存在的变化节奏太慢的现象。我必须学会忽视不公正的批评。我不得不接受这样的事实：有些人，当他们有一份终身保障的工作时，他们在公众面前说的东西不会永远是明智而恰当的。当有人一边看着我一边说谎时，我不得不无视他对我的冷嘲热讽。但是，学院发展的积极方面，职业生涯的感人时刻，远远超过它的消极方面，这些使我不断增加对学院的热爱不断增加。

任职期间的经历，促使我反思任何一个重要组织的领导层的复杂性，特别是大学的领导层。大学里的职员几乎有无限的自由，因此绝大多数的改变必须经过说服而不是强制来完成——但不可否认的是有时我仍然不得不亮出校长的身份，来结束一场无休止的辩论，才能达成最后的决定。印度圣雄甘地曾说："你无法与一个紧握的拳头握手。"我观察到许多校长的失败源于他们用权力将自己的意见强加给别人。这说明怎样在良好沟通与善于决断之间把握好平衡，是大学校长权力的艺术。

有学者总结出理想的大学校长必须具备的素质：人际关系好，能大胆地做决定，对自己的能力和直觉感到自信，有很高的道德水平，信任别人并被别人信任，接受此位置上固有的孤独寂寞，有幽默感（“困境中的救生员”），特别是，在高等教育的目标上要有深层次的信仰——你必须相信你正在做的是很重要的。

大学校长必须坚持诚实办学和道德自律。因为大学生活处在各种社会诱惑中，一些想给大学金钱的富人，坚持认为他们的金钱利益能成为大学为之服务的理由。而一旦走上这条路（接受不正当的金钱），大学的滑坡就不可避免。我们几位美国校长认识到这一点，已经就大学校长道德规范问题在英国牛津举办了两次秘密会议。我们通过汇集大学领导人、重要企业的领导人和政界的领导人的意见和建议，希望为创造道德领导的世界奉献我们一份力量。

就个人而言，关心校长的福祉也是很重要的。我相信，用一生的时间自省是非常重要的。在我们的成功和失败上，总有让我们深省的时刻。从这些深省中我们学会了谦卑。但是我们往往严厉地审判自己的缺点，不愿以爱和同情对待自己，尽管我们经常施予别人。我曾和一位校长谈天，他说已经三年没有给自己放过假了。校长也需要休息，需要更新自己。每天的锻炼对身体和精神健康是必不可少的。我们也必须有时间独处。我们总是被包围在人群中，没有时间来探究自己。美国著名的诗人卡尔桑德伯格曾经说过，他经常拜访他称为“纪念石”的地方，在那里他停下来问自己三个问题：“我是谁？我从哪儿来？我要到哪儿去？”当我们频繁地被生活压迫时，我们要超越每天平凡的琐事。就像诗人艾略特说过“用咖啡勺子衡量我们的生活”。

我持续不断地提醒自己和朋友们，现实之外要有更明确的生活目的，对女性领导们尤其重要，她们被牵扯到无数不同的位置上，并伴随着职业需要和家庭需要的冲突。我也尝试在两者之间寻找平衡，特别是在我职业生涯的早期，我有两个小女儿，工作需要我出书还有教学，还得养育我的家庭。幸运的是，我的丈夫也是一位教授，他帮了我很大的忙。但还是有很多天，当深夜我的孩子们都睡觉了，我才开始写作。回首过去，那时我只有非常少的工作时间，我想知道自己是怎么写的书，很高兴我做到了。

那些在职的年轻女性，经常向我诉说她们的选择和恐惧。我告诉她们需要作出牺牲，但这才是生活的真理，如果她们有勇气去尝试，勇敢地向家人和朋友寻求理解和帮助，那么她们就能有幸福的家庭、可信赖的朋友和充实的工作。大学需要女性领导的独特的视角和观点，我勉励年轻女性突破藩篱进入领导层，实现自我价值。

在我的人生旅程中有很多快乐的瞬间，我希望继续下去。每个角色都是新的冒险，美国诗人狄金森写道，“我寓居在可能性中”。诚然，也有很多可怕的瞬间：我非常担心校园作为纽约市的一部分被攻击的那些日子；失去同事和朋友的绝望；一年之内我弟弟和父亲相继去世，最近母亲也去世了；我女儿在四十岁的时候患了乳腺癌，所有这些考验着我的坚强。

我们所选择的职业是很棒的，受未来思想的委托，去建立一所伟大的学校，来激励智慧的头脑在科学中作出伟大的发现，来激励精神的好奇心创造伟大的艺术，来发现新的方法去解决复杂的社会病。在大学里我们可以创造一个令人向往的时空，正像19世纪英国传教士约翰·亨利·纽曼描述的那样：“这是一个以它的名声让青年人赢得羡慕的地方，以它的美丽让中年人点燃爱情的地方，以它的际遇让老年人固守忠诚的地方。”

领导一所大学的管理理念、策略和成就

拉脱维亚英国商业与金融学院前任校长塔吉娜·沃尔科娃

此文主要讲述我在拉脱维亚管理一所大学的经验以及期间所取得的成绩。其中，最主要的关注点是发展设想、任务以及观念，还有为往后的发展设定的主要目标，引进内部质量管理体系，等等。

一、任职英国商业与金融学院校长面临的机遇和挑战

英国商业与金融学院是一所公立高等学校，其前身是由拉脱维亚中央银行在1992年创办的拉脱维亚银行学院。在创办以来的

20年里，学校经历了几个发展阶段。1996年，银行学院正式得到批准成立，到了1997年，它得到了高等教育机构的认可并更名为高等教育银行学校，在自筹经费的基础上提供关于经济方面的高等教育。2007年年底，高等教育银行学校正式更名为英国商业与金融学院。在成立的20年里，英国商业与金融学院已经从一所仅为216名学生提供银行和金融方面知识的学院，发展成为面向1500名学生，包含本科教育、研究生教育和继续教育三方面的国内外知名高校，教授课程涵盖商业与金融。自2008年，英国商业与金融学院每年都入选由全球教育科学委员会评定的全球前1000所最佳商学院[①]。我们的毕业生有许多活跃在国际和拉脱维亚金融界。自2010年，英国商业与金融学院引入并持续推行内部质量管理体系，以及国际上通行的“优秀的创造者”[②]标准。

2004年6月，我被任命为位于拉脱维亚的英国商业与金融学院代理校长，正值拉脱维亚政局动荡的时期。当局花了一年半的时间来梳理国内外的政治事务。2006年1月，我被拉脱维亚政府正式委派为该校校长，一直到2011年1月。在这之前，我从1999年起担任该校主管学业的校长，也在拉脱维亚大学任副教授长达13年。我的设想是能够带领学校达到一个新的高度，即得到国内外的认可，能通过各种活动展示学校的成就以及对社会的发展作出贡献。

学校方面的动荡则在于办学方向的调整，包括要调整学校教

① http://www.eduniversal-ranking.com/business-school-university-ranking-in-latvia.html.

① http://investorsinexcellence.com/about-us/news/investors-in-excellence-recognises-ba-school-of-business-and-finance-latvia/.

学和研究的方向，从目前的经济领域调整为商业管理领域。我们曾对劳动力市场上对经济专家的需求做过调查，发现约800个招聘广告中只有3个是招聘经济专家的。而且我也和学生谈论过关于他们未来职业的问题，得到的答案多数是希望拥有自己的公司或者是从事商业方面的工作。

一位经济学同事对学校重新定位持强烈的反对意见，她认为经济学比管理学更有深度，而且既然我作为一名商业管理的教授，就更没有必要重新定位学校，这样做反而更容易破坏先前既定的基础。当然我非常理解她的担忧。她不是唯一一个持这种意见的人，这是因为我们学校的很多教职员工都是在苏联时期接受的经济学教育，而当时管理学还没有获得当局的认可。一些教学人员提出反对意见的原因有很多，其中最主要的原因是我们的母语不是英语，因此没有那么多机会接触到管理学领域的最新著作，很难参与到国际流动和培训当中，而这样的结果导致我们很难对该领域的一些变化作出及时反应。未来的就业也充满未知数。

回想起以前经济学和管理学在拉脱维亚学术界中还没有明确区别开的时候，许多学校根本没有发现两个学科之间的差别。这是因为在苏联时期，由于实行中央计划经济体系，经济是由政府规划的，而不是像在市场经济中由消费者和商家的互动而决定，因此像上文所说的，管理学还不是官方承认的一门学科。我还记得我们曾经为如何将管理学和经济学、管理教育和经济教育区分开来这一问题有过长久的争论，而这不仅是为了以后能提供管理学的本科和硕士课程的学习，同时也有助于在拉脱维亚引进管理学和经济学的博士学位。也有一些同事和我持相同的意见，他们认为，我们国家将来在商业和其他相关行业尤其是金融行业会需要大量的专业的管理人才。

2002年，政府设定了衡量专业管理者的标准，我们有幸成为拉脱维亚第一所能提供商业管理方面本科和研究生课程的学校。由于本人的主动倡议，我们学校（在当时还被称为高等教育银行学校）也成为波罗的海管理发展协会的创始者之一。该组织成立于2002年，致力于发展波罗的海地区的管理教育专业。尽管这些成就使学校在拉脱维亚以及海外获得了良好的声誉，然而内部还是有强烈的反对的声音。同时也由于某些痼疾导致教学课程的内容和质量不能满足市场的需求。更重要的原因是，由于仅有43位长期教职人员、有限的教学课程以及教学设备，已经不能满足相对庞大的学生数量（2006年人数为2600人）。这是未来几年学校发展道路上需要重点关注的方面。

二、组建管理者团队

要组建一个能真正为学校发展作出贡献并且实现我们设想的团队，确实花费了我不少精力。但拥有这样一支团队对于确保每一项工作的成功都是非常必要的。不少在其他高校任职的专业人员不愿意加入我们的团队，同时由于这个团队的不稳定性，一些我们原来的同事也拒绝了这份邀请。而一些答应加入团队的同事也要求保留原先自己的工作。这样的做法导致在问题处理方面产生了延误，从而带来了不良的后果。还有一些具有高水平专业技能的人员有自己的一套工作法则，他们认为由于工作时间的关系，处理私人事情应该放在首位。因此在领导一个团队的时候，信任就显得尤为重要。而我天生就是非常愿意信任身边同事的人，但有时这样的性格也会带来一些让人失望的结果。因此我的经验就是我们要去相信别人，但同时，我们自己也要对已经交给别人的任务负责任，不能放任不管。了解了校长所需要做的工作之后，你就不能指望所有事情按照你预期的一样进行。有时会出现一些失误，而且即使是校长也很难阻止问题的产生，同时也很难掌控其他人的行为。

新上任的校长总是希望寻求多样的管理方法以确保稳定有效地领导学校，但永远不能低估这些难题。领导一所学校的细节在于如何在管理过程中平衡各方面的利益关系。举个例子，对于教学人员来说，他们会优先把自己学术领域的利益放在首位，其次是学院的利益，然后是全体教职员工的利益，最后才是整个学校的利益。因此，仅仅通过学校的设想和任务来激发教学人员的积极性，并不是一件容易的事。

三、战略规划、管理理念和方法

作为战略管理领域的教授，我的首要任务显然是重新定位我们的学校，和大家讨论关于学校的未来发展，并设定新的战略方向、宗旨以及目标。在被学校教职员选为学校校长并得到拉脱维亚政府正式任命后，我的首要工作就是作出一份战略发展规划，确定2006年及之后几年学校的发展方向，使学校能重新适应日趋激烈的竞争环境。

在经过学校管理部门的讨论后，我们明白让全校教职人员参与到目标的设定中是极其重要的。这样我们作出了一个决定，就是要邀请一位外部的顾问来参与整个过程，因为这样能为设定学校战略方向提供一个民主的氛围。作为校长，我让自己成为教学人员中的一员并融入他们，这使我能够观察并理解他们的思维过程。Rafael Wariwoda先生愿意在制定战略发展框架的环节中给予我们帮助，他让我们思考对于未来发展的一些期望，在他的核心团队指导下我们起草了体现学校价值理念的文本，即《英国商业与金融学院的发展愿景及目标声明》。其中愿景陈述有两个版本：第一个是“我们提供优质的商业和金融教育”；第二个是“我们通过提供优质的国际商业和金融教育发展个性”。所有参与讨论的教职人员都参与了投票，大多数票投给了第二个版本。显然，我们的愿望是为学生个性发展提供优质教育。在我们开始规划学校未来发展的蓝图和使命时，我们绝对没有想到5年之后我们学校会入选全球前1000所顶尖的商学院。

鼓励教职人员参与设计学校战略方向有着非常重要的意义。经过和教职人员的多次会议讨论后，我们最终敲定的愿景陈述如下：高等教育银行学校（即英国商业与金融学院）是一所财务状况稳定、员工工作态度积极、管理质量高以及声誉良好的高校。在过去几年里，目标声明也经过了一些修正，现在的声明如下：英国商业与金融学院为富有创意的人才提供优质的国际商业和金融教育。我们的良好声誉来源于高质量的课程、终身教育体系、专业而富有创意的教学人才、毕业生以及在校学生的优异成绩，当然还有与国际金融和商业市场保持的长期合作关系。如今看来，研究活动和服务社会这两方面的内容也应该加进声明里。

同样，学校价值观的确立，也经过了类似的程序。我们定下了三个核心价值：专业性、响应性、开放性。对于这些核心价值的理解如下：我们对履行商业道德和保持诚信是非常专业的；我们对于学生和合作伙伴是有响应的；我们在交换意见和计划方面对于自己的同事和合作伙伴是很开放的。我们已为新的发展计划添加了新的内容，而这个计划是利用了我们前几年已经取得的一些经验作为基础，以及我们能想象到未来几年我们所能发挥的潜力而制订的。我始终记得我们希望成为拉脱维亚高等教育市场与众不同的一所学校的愿景，而且我们也想成为商业与金融教育方面的领头羊。

接下来，我们召开教职人员参与研讨会，一同讨论SWOT四点分析法。

我们的优势。我们坚信我们在现存的商业和金融教育的方面是有优势的，因为我们有那么多专业的教职人员。我们的教授以及许多来自商业组织的客座教授都有非常专业的商业知识。我们对于学生的要求也采取开放的态度，使他们能很容易地联系上自己的导师。英国商业与金融学院在拉脱维亚以及国际高等教育市场已经家喻户晓。

我们的不足。我们预测，在未来的一段时间里，如何减轻工作人员的过度负担会成为一个重要的问题。现在，它已经导致了学习项目质量下降以及学习项目日程的不断变动。而且，由于缺乏良好的行政能力以及优化的运营流程，学校管理水平也趋于下降。工作人员超负荷的工作导致了教育质量的下降。除此之外，我们教学设施尤其是IT设施有待改善，从而为学生提供一个更好的学习和研究环境。如何改善我们的公关工作和市场调查工作，在市场上拥有更好的声誉，这对于我们来说也是一个挑战。

我们的机遇。我们拥有一个很好的机会，就是通过各种与国内外高校的合作项目，来推广我们的项目。关于财政稳定方面我们已经在目标声明中陈述了，我们准备争取欧盟项目的经济资助。同时一些国际活动和合作项目也能使我们的学习课程更加规范。

我们的挑战。在某种程度上，我们面临的主要挑战首先是学校财政不稳定以及逐渐减少的学生数量。其次是关于博士学位的立法可能会影响我们一个博士项目的开展。参考未来的人口发展，我们预计来申请我们课程的学生会越来越少。根据SWOT四点分析法（优劣态势分析法），我们必须保证我们的教育品牌和声誉能吸引足够多的国内外学生。

拉脱维亚英国商业与金融学院非常努力使自己成为商业与金融教育界的领头羊。现阶段商业与金融教育领域的领头羊是SSE（位于里加的斯德哥尔摩经济学校分校），但是，我们很有信心并且有能力攻占这个席位，这无疑是我们为自己设定的一个具有挑战性的目标。

关于英国商业与金融学院长远发展的白皮书已经制订，并且已经分发给教职人员，这是学校未来发展的愿景、任务、价值观和目标。

四、实施内部素质管理体系

我要依据内部质量管理的方法来发展学校的管理体系，其核心是内部素质管理体系。实施内部素质管理体系，是从“优秀创造者的标准”开始的。“优秀创造者的标准”九项内容中有五个方面

（领导才能、政策和战略、人力资源、合作与资源以及进程）都与学校该做什么相关。剩下的四个方面（消费者结果、人的结果、社会的结果以及重要的成绩）都和学校要追求什么相关。在申请官方认定前，我们已经开始实施这一标准的要求。在追求学校成功的路上，学校的领导才能是最重要的一个因素。在“优秀创造者的标准”中，领导才能是第一条也是最重要的一条。卓越的领导才能有以下五项评判标准：1. 领导者要设定发展的任务、蓝图和价值观，领导也是优秀文化的核心代表；2. 领导者要亲身参与进程以确保学校管理体系的发展；3. 领导者要参与到同消费者、合作伙伴以及社会代表的沟通中；4. 领导者要有冲劲，支持而且了解学校的每一位成员；5. 领导者要认清学校发生的变化。

要展现出卓越的领导才能需要耐心、激情和实现目标的信念。只有当你成为一所学校的校长并且获得了了解其他大学的机会，亲自见证其他大学发展的时候，才能明白，只有我们自己走一条适合自己的道路才能确保取得这样的成绩。

领导才能对于学校的五个方面有重要意义——提供方向、为后来者铺路、建立联系、提高个人素质以及创造领导者的成绩。要获得这些成绩表明了这样的进程是不能加快的，它需要时间。除了在内部召开研讨会外，不仅仅是学校管理团队，所有员工还需要参加一些训练，这是为了建立一个有助于大家活动和讨论的沟通基础。

我们敬重的一位领导，同意实行内部素质管理体系，但是并不认可素质是可以控制的这个说法。她甚至找到素质管理部门的主管说：“忽略这个素质吧！”她深信每个人在完成自身任务的时候就是在体现素质，而并不认为素质该成为一种体系。这在学校中不是个偶然的例子。而且很多学校都避免使用与素质管理体系相关的词语，反而更愿意使用“素质文化”这个词。如果素质文化包含了素质系统的所有方面，那么怎么称呼它都没有区别。领导者在面对与自己意见不合者时要保持足够耐心。

通过引入内部素质管理体系，一所学校隐藏的潜力将得到释放。所有有关实现目标、完成任务的活动将变得更有条理。收集学校内部发展的信息能保证领导者随时掌握实际情况，同时记录学校发展的进度。当你建起了公共的数据库，描述进程、监控成绩以及沟通国内外关于学校发展的情况时，它不仅能使学校内部信任度提升，还有助于国外知名度的提升。

在2010年年初，这份阐述了“优秀创造者的标准”的以及反映了建立内部素质管理体系过程的报告上交到了拉脱维亚卓越评定机构。评定团队首先评估了我们的申请材料，然后来到我们学校。在两天的了解中，拉脱维亚卓越评定机构的专家们会见了学校员工委员会。最后评估者给我们提供了一份有关卓越标准的报告，认为我们做得很优秀，还指出我们在未来两年可以改善的地方。

我还记得从前任校长身上获得的一个建议，那就是“一定要有耐心”！那时，我对这句话理解不够。但是当我为了带领学校发展到新阶段而面临巨大压力的时候，我明白了要与教职人员清楚地沟通是需要时间的。大学潜移默化的改变正是建立在耐心、激情和对于目标的坚定信念上。

过去几年，我们对毕业生在个人和专业上取得的成绩都感到非常自豪。有超过8000名学生在拉脱维亚以及国际上获得高度认可。我们的毕业生有的在拉脱维亚和国际上一流的公司工作，有的毕业生还参加了北京奥运会、伦敦奥运会，等等。与外国高校的合作加快了我校国际化的进程，也为学校打开了学习交流的大门，同时增加了学校的知名度。在全球33个合作高校中，我们签订了103个国际合作协议，其中在25个国家有93个双语的合作协议。而这些正是学校长远发展的重要前提。根据签署的协议，我们学校的学生在5个外国高校之中的任何一个学习都能获得本校的学位，同时也能获得外国高校的学位。我们很荣幸成为以下知名组织的一员，这些组织包括国际商学院网络、波罗的海管理发展组织、中东欧管理发展组织、欧洲高等教育协会、PRIME网络、SPACE组织等等。

五、作为一名女性校长的经验和感悟

2006年1月，我被选为由33所公立和私立校长组成的国内校长委员会的主席，而这个委员会的大多数成员都是男性。在候选者的激烈竞争中，大多数校长都选择了我为主席。这真是个极大的荣誉，也是对我的信任。他们希望坐在这个位置上的人能付出更多的努力，并且在国内外都有出色的表现。

在就任校长委员会主席期间，我同时要肩负起欧洲大学协会成员的责任，我也是这个委员会为数不多的女性之一，它需要经常出席协会的会议、国际会议以及一些日常工作会议。它使我对高等教育发展有了新的看法，也从许多学校同人身上学到了很多。

除了行政责任之外，我也承担着本科、硕士学生战略管理的课程，这是富有挑战性的工作，我的关注点要从一个活动转到另一个活动。而这就需要我能在很短的时间内转移自己的注意力。被任命为拉脱维亚的教授有很多要求，比如，学术的成绩以及由政府和博士委员会认证的科研标准。而活跃在许多领域的好处就是能提升自己的能力，拓宽自己的视野。做研究、发文章是真正的挑战，因为这需要很多的时间和较高的能力。除了当教授，我还要满足学生的需求，随时更新自己的讲座。

我面临的最重要的一个困难是要平衡家庭和工作的关系。而这个困难就在于对时间的分配上。作为校长，我要完成拉脱维亚校长委员会的责任，而欧洲大学协会成员的工作则更有挑战性。很多时候我牺牲了陪伴家人的时间来工作，我深刻地认识到如果不是牺牲了家庭的时间，自己根本做不到这点。我的故事一点也不典型，因为我已经单身20年了。对于已婚妇女来说情况可能会有所不同，可能在平衡个人生活和工作中的压力更大。在这种情况下，就更需要得到家人的支持。在未来，学校的竞争将会越来越激烈。如果一个女人发现她的家庭不能支持她的事业发展，她就要明白这很可能产生很多问题。作为校长，面临许多挑战，尤其要平衡女性的家庭责任和校长工作之间的挑战，要经常熬夜工作，要不断地被他人评判。我有时也想离开校长职位，有一天自己也必须离开这一岗位。这一转折背后可能会有一些有趣的故事。

最后，我想感谢中国传媒大学名誉校长刘继南教授，因为她不断地推进女性领导权和创新能力的提高，并为成功组织世界大学女校长论坛而付出诸多努力。我想引用2012年她在伊斯坦布尔论坛上的一句话，“我和我的团队都认为如果起得再早一点，跑得再快一点，睡得再晚一点，我们迟早都会取得成功”。

作为一名大学校长对性别问题的反思

土耳其博阿齐奇大学前任校长艾谢·索伊萨尔

李洁/译

在这篇文章里，我将讲述作为一名女性校长的一些经验，也会陈述自己在性别问题上的一些见解。请允许我先介绍自己，我是土耳其一所著名高校的首位女性校长，在这之前，我在文理学院当了很多年的院长。同时，我也是土耳其高等教育委员会和科技委员会的成员之一。

土耳其是一个充满矛盾的国度，学术界中的女性问题就是个很好的例子。尽管女性可以参加学术界任何层面的活动，但是参与高校行政管理的是极少数。所以，像我一样能够突破重围，晋升为号称“男子军”的“全国大学校长委员会”从事行政管理工作的女性是极少的。这儿的确是一个“男子军团”，不仅仅是因为像我这样的女校长去参加会议时，必须要眼观四方来寻找一个和我性别相同的人，而且男性在委员会的支配地位也并不是一则纯粹的四则运算那么简单。当大学校长们聚在一起时，男士们高谈阔论、手舞足蹈，他们最爱的话题无非是足球、打猎、政治。他们中的许多人来参加会议时都会有一群贴身保镖跟随左右。总之，一个个就像庄园主似的。这样的举动通常能被用来判断其人是否具备行政能力。男性更喜欢让自己独当一面，而且他们说的话就是规定。他们会毫不犹豫地运用自己的职位之便来行使个人权力，而女性校长则会显示出一种基于参与的管理姿态。

很有趣的一点是，当男人担任大学校长陶醉于他们独有的男子气概和行为时，我们女性却否认这种“乐趣”和消遣方法。几年前，我接受一个年轻女记者的采访。她问我如何处理一个这样复杂的日程表，以及我如何打发闲暇时间。我告诉她不管日程多么繁重，我都要在家自己做饭。这让她觉得非常困惑。我才意识到她之前可能预料我早就不做饭了，毕竟做饭是女人做的事，而我则成功地从厨房跳到一个男人主宰的世界。也许我不再有做女人的资格了！我说“烹饪是一种乐趣”，于是她就问我昨天做了什么菜。因为是春天，所以我用橄榄油炒了土耳其人在这个季节最爱吃的洋葱和蚕豆，这碰巧是一道素食菜。而我对菜肴的选择更让她困惑，我才意识到她可能以为我会像男性一样吃土耳其烤肉。在这位记者的世界里，我们的性别其实是由我们吃的东西决定的。

我想起另一个采访，也是一名年轻的女记者。她查阅了一些我的资料，发现我是一名狂热的编织爱好者，编织的确是我最爱的一个消遣活动。她为此感到很疑惑，一个做着“男性化工作”的女人怎么会喜欢像编织这样如此女性化的东西呢？如果一个女人做着一份很男性化的工作，那她的言行举止就不该再像一个女人一样。看吧，这种设想又来了。我终于明白了，像我这种敢于进入男性领域的女人总是被期待放弃自己本来的性别身份。

该穿什么，不该穿什么，对于世界上的任何一名职业女性来说都是一件超复杂的事情。在土耳其就更是如此了，几个世纪前的土耳其帝国就有一个传统，你的衣着不仅仅标志着你的性别，还有你的职业、种族和宗教信仰。当代土耳其，女性的衣着在政治和教育方面都是个敏感的话题。我认为，在任何一个领域包括学术界、商界和政界，对于女性的衣着都没有一个定论。另一方面，男性的衣着在某些行政岗位是有限制的，通常是一条领带和一件夹克。我和一些土耳其的职业女性谈了很多关于在工作中应当穿什么的问题，我们得出的一致结论是——土耳其在这方面的界定和传统都十分缺乏。对于穿什么这个定义更是少得离谱。一些高级别的国宴邀请函上通常会写有“请穿黑西装或阅兵礼服”的字样，阅兵礼服是给军人和警察的，像我们一样的普通老百姓收到这样的邀请函通常都会自动默认为需要穿黑西装。而如今，黑西装都是男士的打扮，我的衣橱里也有一些黑西装，但是不多。当然，当一名官员的妻子被邀请的话，作为一名伴随在杰出丈夫身边的一名优雅夫人，她会穿一套漂亮的黑色小礼服。可我们这些职业女性怎么办？难道我们永远都命中注定穿黑西装吗？没有人会为邀请函上关于着装的提示仅仅指向男士而觉得讨厌，这也意味着没有人意识到这是对于女性的排斥。这只是一时疏忽，但隐含着的却是女性无法以自身的名义参加活动。

黑西服的倡导者将男性化的穿衣风格强加于职业女性，其中隐藏着一个更黑暗的哲理：女性行政人员不仅要在外形上男性化，而且在管理风格上也要男性化，并采用一种男性化的模式。这是一个很危险的陷阱，必须要避免。女性本身就可以很好地致力于学术管理工作，而并不是通过冒充男性来获得成功。

这就是我前面提到的二分法，女性在学术领域能被很好地接受，但是在学术界的管理岗位上却并不是这样，这就反映了在土耳其官僚机构中的性别平等问题。这是预料之中的，因为土耳其学术界没有把自己当作一个独立的整体，而是更愿意把自己看成是国家官僚机构的一部分。当你走进我们的首都安卡拉并且进入一栋部门大楼时，你会发现学校和官僚机构之间的相同点非常明显。土耳其的部门总部都是巨大的大楼，能看到非常漂亮的景色。他们的大门迎接着男男女女，而部门员工的男女数量也几乎是相等的。然而，如果你和副部长或部长见面，你就会发现所谓的性别平等也改变了。要见部长，你要进入一个叫“Protocol”的部门。“Protocol”这个部门的地板都是高质量的木头或者大理石。沿着红色的地毯，才能到达部长的办公室。而在“Protocol”的部门的另一侧，你能看到只有秘书和助手是女性，还有很多正在做清洁工作的工人是女性。我总是能在部长们清闲放松的时候得到会面时间。这种“奇迹”很明显是在我进入办公室时由眼睛发光的秘书们安排的。

性别和语言紧密相连，我也想起了很多这样的经历。我的校长生涯是非常有趣的（或者可以说是很不寻常的）。我成为一些在土耳其出版业专门写社论的人的热门目标。如果有作者把我写作“一名大学校长”，我知道他没有恶意，只是很客观地讲了我的职务。而那些想要痛击我的人总是把我描述成“那位当大学校长的女士”，这就好像我的性别本身就携带着罪恶一样。一些人对于女性的态度还停留在亚当与夏娃的故事中从未改变。

土耳其的另一个矛盾是，尽管它位于争取并且承认女性权益的国家的前列，但这样的认可还是没能给女性的权益带来实质性的改变，尤其国会中的女性代表还是很少的。世界经济论坛出版的全球性别差别报告中指出，土耳其在性别平等方面的地位正在逐步下滑。

在这种情况下，怎么改变？如果要变的话，能寄希望于处在管理层的土耳其学术界的女性代表吗？我认为，对于女性的态度必须经历一次全面的改革。当然，对处在21世纪的土耳其而言，最基本的两性挑战便是增加女性领导者，尤其是在高层职位中。

在现今土耳其的高等教育中，有这样一种特殊情况，它损害了女性管理者在学术界的地位。我们国家高等教育部门开始了大众化的宏伟规划。学院和大学在各地扩张，导致现在连很小的城镇都有属于自己的大学。这种大众化的项目给国家的青少年和农村经济带来了益处，但是地方性势力并没有对女性就任院长、校长等高层职位有所帮助。事实上，将大学扩建到农村是不利于女性事业发展的。我相信高等教育的全球化会对此作出补救措施。

大学梦的实现

土耳其伊兹密尔技术学院前任院长塞姆瑞阿·毋勒库乌

从事高等教育的人员对于可持续型社会的建立有至关重要的作用。他们以研究者和教育者的角色，通过对知识的创造、评价、继承、传播和交流，对他们自己、对社会乃至整个人类都承担一定的义务和责任。既然社会的变化发展为改革和生产力所驱动，未来世界也将由高等教育体系来创造，那么大学校长就更应该高瞻远瞩：领导学校走向未来的同时也关注现实，并考虑如何使大学成为集高等教育、学术研究和社会服务于一身的高质量大学。一个成功的校长应当适时调整政策，在考虑高等教育学府的特征与使命的同时，平衡领导层与管理部门的关系。

1992年，伊兹密尔技术学院作为土耳其伊兹密尔市的第三所大学，在市中心一个租来的楼房中建立并开始运作。这是一所致力于自然科学与技术领域教育的研究型大学。第一批本科生1994年入学，第一批研究生1998年入学，同一年通过选举，我被任命为校长。1999年，由于租来的楼房缺乏足够的空间用于教学和研究，我们决定迁校，这是一个关键性的决定。这个校园位于离市中心45公里远的一个非常美丽的休闲胜地。当时校园还正在建设当中，只有两栋楼房（5000平方米）已完成建设，基础设施也很有限（水电供应不充足，校园里小路很少，等等）。我们还面临其他诸多不便，而这当中最重要的是人力资源的匮乏。另外，缺少设备，学校与市中心的距离太远，实验室不足等等都阻碍着学校建设。我们需要找到一种方法使我们的学校能够吸引学生和工作人员。至少能从不同的市区把学生和工作人员送到学校（60公里左右），还要让他们到乡村的小店里吃免费的午饭（离学校大概5公里远）。并且学校要有大楼和学生宿舍，配备体育和医疗设施，这是学校增强活力和提高集体观念所必需的条件。

10年以后，伊兹密尔技术学院已拥有较为完备的大学基础设施、教学条件和学术氛围（精心设计的实验室、教学楼、图书馆、餐厅、学生公寓、院系大楼、体育和医疗设施等），学院拥有14个部门、9个研究生专业、34个本科专业、4个研究中心、1个英语预科学院，在海边的校园里还有一个技术园区。在学院发展历程中，从市中心搬迁到现在的校区是个关键性的决定。当然，这里的生活对于学生和学院以及习惯于城市舒适生活的职员来说并不轻松。尽管如此，为了最终的目标，我们必须冒险去开始我们的研究和教学。

一个年轻大学的校长比一个已建立很久的大学校长有更多的责任。这些责任包括本科、研究生教育规划和研究计划的建立，招聘教师和行政管理人员，校园基础设施、教学楼和实验室的建立，建设工程的资金筹集甚至监督管理，等等。作为校长，我的目标是使伊兹密尔技术学院成为全球备受关注的中心，致力于推进基础和应用科学的发展，致力于吸引高质量人才并培养他们成为技术行业的领军人物以及未来科技环境中的佼佼者。我也鼓励研究人员促进跨学科和交叉学科领域最尖端的改革和研究。学院的研究任务应该是创造真正的科学和技术知识，先进技术的创造和应用能够促进经济的发展，能够通过新的模式对自然资源进行有效利用，有利于可持续发展。人类的安全与健康是学术研究的使命。即使是官僚体制、有限的自主权、缩减的公共预算、已经分配但未兑现的资金、对招聘的约束乃至低薪，都不应该成为我们完成使命的障碍。

一、学校建制

在大学机构的组织设置中，被提议的建制体系应该能确保教学和研究长期、良性相互作用。要想拥有高质量研究生教育和学科的整体进步，跨学科领域的学术研究和本科的培养至关重要，因此大学不能设置大量界限分明的部门。在本科教育和科系的设置中，确保各学科能避免学生学到的是没有用的或者很肤浅的知识，这是非常重要的。大学应该设立相关研究中心或学院，深入对各学科进行研究，来解决本质上很复杂的相关问题。一些专门性的学科应该编成课程、辅修课和学历教育培养计划。分散的各个学科建构成为跨学科专业，有时要比它们独自发展更有生命力，但是基础学科的地位是不可替代的。在某个特定时期的学科交叉组合可能很受欢迎，但在这股热潮之后，这些学科的毕业生往往就没有扎实的理论功底和灵活运用的能力，从而遇到各种困难。

虽然大学的机构通常由固定持久的组织构成，但近几年，建立不受欢迎的部门已经成为全世界大学机构设置所面临的普遍问题。高等学府定期的组织重建是必然的，但是不要忘记，部门的结构保证了大学学术和教育的稳定性，研究中心和学院的结构促进大学的跨学科研究及相关研究工作的开展，并使学校有能力培养符合未来的技术需求和国家需要的人才。此外，作为经济和社会领域的交界处，我们也应该考虑技术与产品的转换，以及企业家精神和企业家培养机制的整合，就像考虑在伊兹密尔技术学院建立科技发展中心一样。

一个技术大学的基础应该由几个基础学科组成，它也应该由一些关键学科组成，比如电力工程、土木工程、机械工程和化学工程（尤其是化学和生物工程）等。越来越清晰的是，未来的科学技术一定来自自然领域的交叉学科，而不是狭隘的界限分明的学科。除了这四个关键学科之外，大学也应该尽力设立研究中心和学院机构来深入跨学科研究，以解决本质上非常复杂的问题，为此我们在伊兹密尔技术学院建立了环境研究中心、生物工艺与技术研究中心、原料研究中心。

学校的各个研究机构可以以研究中心的形式与各个学科结合在一起。环境研究中心可以参与到其他部门中，如化学工程、土木工程、机械工程、生物学等。生物工艺学研究中心可以参与到化学工程、机械工程、生物学等学科当中。为了深入跨学科研究，学校可以提供研究中心相关资源，而这些资源在院系中是得不到的。来自不同部门、学科和学院的研究人员组成团队，形成联盟并产生整体效益。通过这样一些团队，学校不但可以很好地达到教学和教育体制的要求，而且能够满足研究工作不断变化的需求。同时，资源也可以从一个研究中心转移到另一个计划建立的新研究中心。这样，我们就能在维持原有学术单位的同时，指导研究工作并鼓励新的跨学科研究。

二、教学与研究

创新精神与合作文化是伊兹密尔技术学院教育的基本原理。教会年轻一代创业的技能并尝试培养他们的创业精神，比知识的简单介绍更加重要。几乎所有基于实践教学的现代研究都一致认为，学生往往对他们感兴趣的领域感到最难但是学得最好。为了改进学生的学习，各种创新的教学方法开始使用。这些方法是：合作（以团队为基础）的学习，归纳（以项目和问题为基础）的学习等。大量的研究表明，适当地实施这些方法，会使学生对学习产生更大的动力并掌握更多的知识、获得更深入的理解、持有更积极的态度。为此，我们需要创造以下条件：课程有足够的深度和广度，一体化的研究和教学（激发学生的热情、创造力和团队合作精神），以归纳法学习代替传统讲授，从基础课程到项目研究等。

实际问题的复杂性质，不能靠单一的学科来解决。成功的创新往往是不同学科之间合作的结果。为建立有效的跨学科研究机构，应制订战略促进学科间交流。启动跨学科合作以促进不同研究方向之间的协作，打破传统部门、院系甚至机构之间的界限，整合人才，帮助该机构在竞争激烈的世界中产生更大的影响。

随着具有高附加值和知识密集型产品和服务的增加，为获得研究方向中最具前瞻性的理念，大学应该给个别学者和研究小组更大程度的支持。然而，考虑到科学和工程（特别是发展高科技）研究的成本，为这些研究而设立机构的次序将会受到可用资金的限制。在追求自己的战略研究中，高等教育机构必须有一定的选择并高效利用有限资源。虽然资金供应情况会影响研究项目的优先次序，但是跨学科领域的专家建议、优秀的科学提案以及优秀的研究人员应该被视为遴选过程中适当考虑的参照点。资源应以业绩为基础，拨给最强大的团队。在促进商界和高校教育机构的合作上，企业家和研究人员有不同的看法。高校应努力使企业看到伙伴关系的效益，也需要制定政策鼓励研究者思考怎样与企业发展更强有力的伙伴关系，并把他们的研究应用到企业创新当中。

伊兹密尔技术学院坚定地致力于研究作为技术学院应该具备的素质和特征，认为高质量的教学和先进的研究之间是相互依存的。教育以学生为中心，以各个层面的研究和项目为方向，鼓励富有创造性和批判性的思维，并与跨学科背景下的团队合作。教育的使命是与业界合作，并谋求组建最全面的科学家队伍：熟知国家最先进的研究，从事技术生产并意识到社会责任。我们也特别强调和重视跨学科的研究生培养，并授予材料科学、生物技术、生物工程、环保工程和能源工程专业的研究生学位。跨学科的学位涉及多学科项目，由不同院系甚至由不同大学合作培养，如与Dokuz Eylül大学医学院合作的生物工程博士课程。

为了将知识的三个层面——教育、研究和创新——相结合，建立学院和行业的稳固关系，鼓励高科技领域的创新和企业家精神结合，帮助科学研究转化为经济价值，完成伊兹密尔技术学院为工业和技术发展做研究和教育的使命，伊兹密尔技术开发区（科技园区）建在了伊兹密尔技术学院的校园中，并已经为60家公司做研发，它将为几所大学在知识经济方面的合作提供研究基础。伊兹密尔技术开发区在我的领导下着手规划、建立并运作，我还义务担任了伊兹密尔技术开发区网站公司的主席。

三、人力资源调配与管理

大学能否成功地完成使命，在很大程度上取决于个人和团队的集体表现。当你有幸成为高层管理人员时，你需要聘用那些聪明能干并值得信赖的人，也需要聘用那些善于团队合作、有助于环境融洽的人。就像在一个乐队中，需要各司其职的音乐人，而你就是指挥，任命了这些人之后，你就可以委派一些工作给他们，以免埋没人才。每一个团队的成员都应该作出独特的贡献，体现独特的技能和观点。如果你不能正确地聘用并委任，那么你就会陷入困境。正是通过工作人员的奉献和高质量的工作，大学才为社会提供了卓越的教育、研究和服务。为了完成我们的使命，伊兹密尔技术学院非常重视工作人员的发展：鼓励学者在各自的领域与最好的大学合作，举办行政人员专业发展的课程班和研讨会。我鼓励并支持年轻、聪明、工作勤奋的研究生，创造机会让他们到美国最好的大学读博士学位。他们回国后，与他们成为同一所大学的同事是非常棒的。通过一个适当的评价体系来支持、奖励优秀的教职员和学生，将有助于最大限度地发挥他们的潜力。不仅要评价激励个人，还要评价激励团队，承认并奖励他们的成果，不仅仅是感谢和赞扬，还要支付奖金。

在大学组织中培养平等交流的氛围，是由大学自身的性质决定的，也是大学校长取得成功的重要方法。工作人员和你一起工作时应该感觉很舒服，当他们认为你做错了的时候可以及时告诉你。你也应该提供平台，向教职员工通告学校发展政策和情况，使大家能够对未来计划达成共识，通过开放式倾听、举行非正式会议、与员工共进午餐等形式，建立沟通交流机制。

正如明兹伯格指出的那样，高等教育机构就像政治舞台，不稳定的环境可能引发内部组织的重新调整，并产生有关未来行动路线的冲突。“理解，进而被理解”和“关注他们的需要，而不是他们的立场”，这两个原则应该作为你处理分歧时的指挥棒。理解是必需的，让别人觉得被理解也是必需的。积极地倾听、提问（最好是开放式问题）、总结你已经理解的别人告诉你的话，让别人来纠正或补充你的总结，以确保你完全了解已经呈现的信息。对别人认识事物的方法有一个清晰的了解，然后你可以解释你的观点并提出你的标准、需要和目标，为进一步的讨论和谈判打基础。分歧通常存在于资源的分配上，诸如谈判、调停、仲裁等传统手段是解决分歧的适当方法，在这种情况下，各部门领导、院长或副院长可以作为调解员和仲裁员。

四、作为大学女校长

事业和家庭的平衡是所有女性面临的普遍问题。女性如何解决家庭和事业的矛盾，工作和家庭的矛盾如何影响女性的选择，实际上是一个问题的两个方面。土耳其在国父凯末尔领导下建立了现代社会，两性逐渐趋于平等，包括接受高等教育的机会。土耳其女科学家占据了所有学术职务中的40%左右，这是个令人惊奇的比例。

妇女能成功地获得学术或专业职位，同时也经常会面临各种形式的文化障碍，包括她们对自身角色的主观看法和别人对她们的期待。传统的性别预期加剧了妇女问题，许多妇女的职业依赖于其配偶的宽容和赞成。事业与家庭相互平衡的要求上升为制约因素，对妇女的影响远远大于男性。妻子和母亲的责任，使职业女性的生活面临更大的压力，有些只好放慢她们职业生涯的发展，除非她们有家庭成员的支持或者社会的帮助。职业妇女感到某种愧疚，特别是作为母亲在培育子女的传统使命方面。

在学术的舞台上，女性和男性一样有能力并富有创造力，在被给予和男性同样的机会和鼓励时也能有非常好的表现。由于在完成本科学习之后的关键几年要开始学术生涯，可是这几年对妇女来说最容易被生育和家庭责任打断，因此即使在北美和欧洲，女性也很难与男性在同等条件下竞争。学术生活一般要求教授平均每星期工作55个小时，当还要照顾孩子和家庭时，一女性学者平均一周要工作70个小时，甚至更多。我记得自己在那段时间每天都晚睡早起，为孩子们准备早餐，做他们最喜欢的饼干，送他们去上学或幼稚园，撰写研究论文，为第二天的课程备课……

女性领导要面临一种独特的挑战，因为她们要将领导的责任与家庭的责任相结合。她们必须比男性领导更努力地工作，从而在男性占主导地位的环境中证明自己的价值。女校长肩负更大的责任，为教育和研究规划一条新路，并参与大学机构的改革和创新。通过校园建设、本科教育、研究生教育、促进产学研结合建立科技园区，我带领伊兹密尔技术学院走向未来。虽然没有全部完成，但校园建筑、实验室基础设施、图书馆、体育和卫生设施、学生和教师公寓日新月异。

成为这所年轻大学的一员并领导其从零开始，我很荣幸。在土耳其大学排行榜上伊兹密尔技术学院所处的位置的变化正是这所年轻大学走向成功的印证。感谢我周围虽小但乐于奉献的团队，是他们的努力和对我的支持实现了我们的梦想。

建立一所新大学：一段让梦想成真的艰辛之旅

土耳其迪杰兹大学校长芳达·西里卡雅·塞里福格卢

李洁/译

"假如世界将成为一个更美好的地方，那便是所有女性共同努力的结果。"

——题记

一切皆由我的一场梦开始：建立一所创新的、充满活力的，并具有竞争力的大学。同时，这所大学能支持该区域的可持续发展，这个地方便是迪杰兹——我所生活的城市，一个并非大都市的地区。正是这样的梦想和坚信它能实现的信念让我成为2007年这所新建立的迪杰兹大学的校长候选人之一。2007年5月通过选举，我成为这所大学的第一任校长，并在2011年5月的再度任命后开始了我的第二任期。

一、迪杰兹大学的快速发展

迪杰兹大学成立于2006年，但它的历史可以追溯到1976年迪杰兹郊区第一所职业学校的建立。另有一所护理教育学校、一所旅游业教育学校，都成立于20世纪90年代，是邻省的阿班特·伊兹特·贝泽尔大学在迪杰兹校区的一部分。至2006年3月，迪杰兹大学和这几个校区合并成为一个独立合法的院校时，学生总数已达到5500人。

2006年，校园里建成三座教学大楼和一座社会服务大楼，整个校园到处都被灌木丛和植被覆盖。之后的六年里校园更漂亮了，教育和社会服务大楼也多了好几座，校园小路、公园和绿化区及运动设施增添了不少。如今院系总数已达到11个，学生人数超过了16000人，教职工人数有1500多人。表1至表3中的数据显示了学校的发展状况。

表1　学术单元数量的增加

	2006年	2013年
院系	3	11
研究生院	3	3
社团	2	5
职业学院	2	9
研究中心	–	9

表2　人力资源的发展

	2006年	2013年
学生	5774	17230
学术职员	370	819
行政职员	323	753

表3 功能区域的增加

	2006年	2013年
教育和行政区	56805 m^2	133771 m^2
保健区	7807 m^2	27000 m^2
社交区	8400 m^2	25000 m^2
运动区	6833 m^2	33673 m^2

二、迪杰兹大学的教育哲学

迪杰兹大学的特别之处在于它的教育哲学，这点从其校训“迪杰兹大学是创造价值的大学”可以反映出来。我们的哲学是基于科学知识和学术经验的运用，来创造或是增加地区内私人、公共和非政府部门的价值。因此，与利益相关者的合作就成为迪杰兹大学发展的关键。

举一个很好的例子，我们的伊吉尔卡项目“我们一起可以做更多”从来自29个国家的399个项目中脱颖而出，获得了2011年欧洲委员会颁发的欧洲创业奖。伊吉尔卡是一个社会经济方面很贫困的地区，在那里养蜂业是主要收入来源的一种。生物学专业的一位助教被雇来从事伊吉尔卡蜜蜂的研究，她的研究科学地证明了这里的蜜蜂是特别的生态型生物。她就蜜蜂项目的注册提出了申请。迪杰兹大学养蜂研究中心由当地官员、当地自治团体及非政府组织成员共同创立。林业和水资源部门支持了由林业学院做的一个项目，以在研究中心附近创立一个蜂蜜森林。蜂场随之建起来，现有的养蜂人和创业者都受到了教育和培训，这些人都是来自像女性、残疾人士、无业年轻人等弱势群体。结果，蜂蜜生产业的产量得到了提升。蜂王的生产成为这个地区的一项获利很大的产业。而且，蜂蜜森林使不同种类蜂蜜的生产成为可能，不再受当地种植的杜鹃花产生的有毒花蜜影响。当地人越来越意识到当地蜜蜂是很宝贵的资源，这个区域被当地政府和人民列为保护的对象。

在最近的三年里，迪杰兹大学养蜂研究中心组织的儿童夏日课程增加了他们对于伊吉尔卡蜜蜂这一宝贵自然资源及其对于可持续发展的影响的认识。

不仅科学项目，基础项目也以这样的方式计划着，他们也为那些利益相关者创造了价值。会议厅和音乐厅都是为了学校的学术需要和该地区超过30万人口的社会文化需要而服务的。奥运会半决赛游泳池是该地区的第一个设施，它为合作项目提供了良好的基础，尤其是对贫困儿童。还有很多健康、教育、产业、林业、农业和其他领域的例子。学术单位和利益相关者从事的项目给所有参与者都带来了价值。学校发行了出版物，不少知识产权用于社会服务，以直接具体的方式给该地区人民带来了福利。

事实上，根据伊斯坦布尔科技大学的研究表明，迪杰兹大学每个学者发表的论文平均数排名第七（德林·乌拉尔教授在《共和国科技》发表的论文，2011年12月9日）。科学产业和科技部已宣布最具创新和创业精神的土耳其的大学的排名名单，迪杰兹大学在2013年排名第31，超过了170所土耳其的大学，一年中前进了5名。在2000年之后成立的超过100所新大学里，迪杰兹大学最早建成了自己的科技园。迪杰兹科技园成立时有20名合作伙伴，他们来自各产业，其中三人也在管理会里任职。科技园的临时孵化基地已经满员了，其中超过30%的创业者来自迪杰兹大学。创业者课程面向大学的所有院系开放，其中包括医学院，学生们被鼓励参与到与真实问题相关的项目中来。

迪杰兹大学是第三所参加由土耳其质量协会领导的全国质量行动的大学，该协会和欧洲质量管理基金会也有联系。学校在2011年已被欧洲质量管理基金会的最佳认证授予了三星级证书，2012年授予了四星级证书。

迪杰兹大学培训者计划是为学校所有的学员教工而组织的，其中包括了医学院。他们更新了自己关于有效教学、报告和评估方法的知识。在最近几年里，超过五分之一的学者们用3—24个月的时间访问了欧美等地的众多大学，在不同的学校都合作参与了不同的科研项目。这对学生也有很大的激励作用。事实上，国际化是支持一个国际性大学发展的关键。我校的国际双学位计划已成立。现在，迪杰兹大学已成为欧洲大学协会和土耳其美国科学家和学者协会的成员之一，并已在欧洲大学宪章上签字。

三、首创性项目包括女性领导项目

虽然迪杰兹大学是一所非常年轻的学校，但是其首创性项目在全国范围内得到了发展。比如说，第一个关于社会保障的职业规划项目在迪杰兹大学展开，这个项目是与工作和社会保障部、社会保障协会及当地社会保障单位共同合作开展的。

迪杰兹大学是土耳其第一个并且是唯一一个开放有关学校治理情况通报质询会议的机构，会议开放的对象有学生、学者、行政人员、当地政府官员、产业经营者以及州级和私人部门机构、非政府组织、出版社、联合会的人员和公民。这些会议被称作前六个月的报告，正如其名字所提示的一样，该会议每六个月召开一次，所有大学学术单位的领导人都到会作报告。校长对上六个月的不同项目中的资源如何利用作出说明，并对下六个月的计划作出阐释，这些都是根据从各单位收集的所有报告中得出的。所有来自听众的问题都由院长和负责人代表来解答。

迪杰兹大学还在一些全国性的大项目中起到重要作用。我们是土耳其最大项目，由卫生部领导的关于测定预防性的卫生服务的标准和策略的发起者和协调者。这是一个多学科、花费好几十亿美元的项目，涉及几乎所有的公共部门机构和四十多所大学，时间跨度长达十余年；到2023年正好是土耳其共和国建国100周年。这个项目的设计只花了不到两年的时间。后来卫生部和第十届全国发展计划的战略规划都发生了重大的改变。

迪杰兹大学一项非常重要的首创性项目是关于女性学者的领导地位和师者地位的计划。这个计划在土耳其高等教育领域遇到了困难，就是尽管女性教授所占比例不小，但是很少有女性学者处在领导地位。女性学者（41%）和教授（28%）的比例还超过了欧洲（分别只有40%和20%，欧洲委员会对2012的估测，源于研究和创新领域的性别）。而且，“玻璃天花板指数”——描述女性学者从研究者上升到全职教授的难度，在土耳其该指数只有1.25，接近最优值1.0，然而欧盟的平均值是1.90。

迪杰兹大学创立了土耳其大学领导提升计划，在这个框架计划中，一个题为“高等教育中女性领导地位的发展和提高”的研讨会在2012年11月组织展开。该研讨会讨论女性成为大学领导者的阻力，并拟订出克服这些阻力的方案战略。女校长、女副校长、关于女性问题的研究中心负责人、学者、政治家和土耳其唯一的女性部长都参加了这个研讨会，最终的报告总结了问题和解决方案。

为了支持女性领导技能的发展和提高，2013年4月为年轻女性学者组织了为期两天的领导研讨会和师生关系计划。该计划意外地得到了土耳其各界的响应。圆桌会议室是由拥有丰富经验的当前和前任女性领导者分享经验的平台。这些计划从2014年开始，至少每两年展开一次。

四、大学管理面临的挑战

大学管理面临的最重要的挑战是大学与市政工程的矛盾。迪兹杰在1999年地震后独立，但是很多行政部门还没有建立完整的制度，这会导致大学获得的有效支持较少。交通问题是个很好的例子。迪兹杰大学坐落在小城镇的边缘，而这个城镇的资源十分缺乏。因此，基础设施投资，诸如修建去大学的主路、大学的下水道和供水系统，这些市政当局都不能完成。我们尝试着用我们的资源来解决一些基础设施方面的问题，比如，我们买了一辆施工车对付冬天的大雪。

大学管理面临的另一个挑战是，迪兹杰大学的校长是管理层里面唯一的女性。在男性主导的体系里，他们习惯轻易做决定，这会导致大学存在的问题和需求没有受到应有的重视。女人在这样的环境中处于劣势地位。试图改变这个男性主导体系是一个长时间的过程，需要更多的女性加入到决策中来。我应对迪兹杰大学面临挑战的方式是维护开放的和透明的交流平台，保持乐观的态度，持续地为大学创造更多的价值。“坦诚”是对付所有公开的或者潜在的歧视的强有力武器。

五、作为大学女校长的感受

我的优势是曾经在德国、美国和土耳其的优秀教育机构接受过教育。伊斯坦布尔海峡大学现在已成为土耳其最优秀的大学之一，我从它的工业管理学系毕业后，获得了土耳其教育基金会提供的去加州的斯坦福大学读研的机会。在斯坦福获得理科硕士后，我拒绝了系里给的非常优厚的条件，回到了土耳其，在迪兹杰定居，在伊斯坦布尔海峡大学读完了博士，然后在最近的州立大学当大学老师。很多朋友认为我拒绝学术界和商界的好职位，选择在迪兹杰定居难以理解。做这个决定的原因是我嫁给了一个迪兹杰的男人，而这个决定改变了我的生活。

我在迪兹杰职业大学当系主任的时候，迪兹杰大学正式成立了。起初这个职务与我的愿望相违：这个学校存在各种基础设施和体制方面的问题，我想这会耗费我很多不必要的精力。我通过发展合作式的文化，和企业建立良好关系，和股东处理大事，成立工程队伍，改善学校的条件等等，从而把这些“坏运气”都转化成了机遇。这些经历为我成为迪兹杰大学校长候选人提供了帮助。

实际上，我的座右铭“无论你做什么，都要创造价值，并使别人有所作为”，这帮助我在生活中去设想越来越好的前景，同时激励我与他人合作。只要有良好的意愿、乐观的态度、辛勤的工作和对真主安拉的信任，“坏运气”就会变成机遇。

作为一个女性，我很有幸在一个男权社会取得了一定的成功。但是，我也意识到女性面对着很多挑战，大多数挑战也成为困扰我的一部分。女性要想在自己的事业上取得进步，必须要比她们的男同事付出更多的努力。游戏的制定者大多数是男性。歧视现象不易被察觉，在大多数情况下，甚至连女性本身都没有意识到自己被歧视。女性不愿去当领导职位的候选者，这大多数是因为社会上有这样一种倾向：女性的工作重心是家庭，应该承担好照顾家庭的责任，而不应再额外承担赚钱养家的责任。工作环境并不适宜于女性、缺少儿童福利机构、女性缺乏自信、社会缺少女性榜样等造成了这种社会倾向。

研究表明，变革型领导将会主导未来，这将给予女性知识分子一个很好的机会。女性拥有良好的沟通技能、团队合作能力，能够委派职权和职责，同时能进行多个任务，这些都将帮助女性在管理上取得成功。我们需要为女性建立全方位的培训和辅导项目，并提供社交机会。事实上，女校长论坛具有重大意义。在传媒领域的女性，可以更广泛地支持学术界的女性代表。在政治界的女性可以帮助建立一些为女性提供法律支持和激励的系统，比如倡导实施一项建立儿童托管中心的法律。我们的教育体制，从幼儿期教材开始，代代相传，充满了强化和再现父权制度的例子、故事和语句。整个教育系统必须改革，这些教材必须重新编写必须得到修订。

尽管很多人，特别是年轻人，不太愿意去听别人的建议。我猜，您不是其中的一个，因为您阅读了整篇文章并且听了我的絮叨。在这种假设的激励下，如下我总结了一份应该做和不应该做的详单。我真心希望这能帮助您，我也希望女读者能写信过来，让大家分享您的经历、成功的故事和您的经验。

芳达的建议：

更好地认知自己，更相信自己；

不要被动或不敢设立您的事业目标；

寻找并抓住每一个能持续进步的机会；

不要在挑战面前气馁，勇敢面对，用你自己的方法解决；

不要巩固男权主义，帮助其他的女性。

践行大学战略管理

塞浦路斯莱夫卡欧洲大学副校长马讷菲弗·贝克塔斯

一、任职莱夫卡欧洲大学副校长之前的经历

我于1967年12月17日出生于塞浦路斯，在那里，我接受了小学和中学教育。中学毕业之后，我在土耳其继续我的大学学业。我于1989年毕业于安卡拉大学的英语语言文学专业，后开始在东地中海大学的预科学校担任讲师，期间我继续从事土耳其语和英语的互译工作，尤其是对于一些学术周刊和政治问题的翻译。从中我学习到了很多关于社会和政治生活的不同思想和观点，同时我也获得了从不同角度看问题的能力。

我在伊斯坦布尔的马尔马拉大学修读了我的硕士学位，专业是新闻及公共关系。新闻和公共关系都是我的兴趣所在。在我职业生涯的开端，我对于政治传播及媒介关系非常感兴趣，我的论文是

《土耳其塞浦路斯通讯社及它对政治生活的影响》。1997年，我在爱琴大学获得博士学位，读博期间，我曾在*Yeni Asır* 报纸的国外新闻部工作，*Yeni Asır* 报纸正是爱琴海地区的人们广泛阅读的一种报刊。在1994年到1996年间，我担任了国家电视台的公关关系部门和广播电视协会的主任。在1996年年底，我被邀请参与在塞浦路斯的近东大学传播学院的创建工作，并做了3年的新闻和公关学院的院长，在设定了这两个学院的课程计划之后，学院才得到土耳其高等教育委员会的正式批准。

我还参与了前任总统Rauf R. Denkta 1999年在土耳其塞浦路斯的选举运动，我负责的是报纸广告。之后他邀请我到总统办公室为他工作。那些年，我同时也在继续我的学术研究，并在两个大学讲授硕士课程。2010年，我取得了副教授职称。在2006年到2010年间，我被国会选为高等教育评鉴评定及协调协会的成员。我也是这个组织在欧洲质量保证委员会的代表。

二、担任EUL副校长，制定战略规划

我在2010年被任命为莱夫卡欧洲大学（EUL）副校长，负责推广社会文化活动事宜。EUL是一所成立于1990年的非营利性的国立大学，致力于建立优质的研究性教育体系，同时对周边社会和经济作出应有的贡献。EUL是一所由近3000名学生、190名管理人员以及220名学术研究专家所组成的优质大学。学校共设有7个学院、4个预科、14个工程实验室和能进行区域性广播的广播电视演播室。

自2006年起我就在该校担任媒体研究博士项目的客座讲师。我对学校繁杂的学术和管理机构有很好的建议，唯一欠缺的是新的战略和视角。由于政府的政策是打造“教育之岛”，在北塞浦路斯的学校就应该比普通院校更具竞争力。考虑到这点，第一步就应该改变管理方法，并进行学校的创新改革。

首先，我们要建立学校内部、学校与股东之间良好有效的沟通机制。良好的沟通能够带来高效的管理，同时也是构建组织文化的重要一步。我们把战略设定在有效沟通的基础上。为了达到有效的沟通，我们设置了目标导向的战略计划，这也是刺激沟通和管理的重点方法。不仅如此，教学和研究方面的学术自由也应该得到关注，同时在规划学校未来的时候，应该考虑到国内外高等教育的经验。

因此，设立一个包含新的宗旨、任务及目标的新框架，有助于改变臃肿、人浮于事的学校机构现状。在这一点上，研究外部竞争、了解内部管理对于制定战略规划都是极其重要的。同时，为了设立相对现实的目标，对当代国内政治力量的分析研究也很重要。而且，为了确定学校当前的地位和确立未来的目标。我们需要一个比较好的规划，需要更好地管理人力资源，建立良好的经济结构，制定大学基础设施的长期规划。

实施战略计划的关键是学校高层的领导力。基于主动决策和问责制的领导力，必须支撑持久的改善、资源的有效管理，保证教育和学术质量，继而推进团队工作和员工的发展，使全体教职员工和股东明确学校的宗旨。领导才能代表学校的竞争力，对于学校的生命力有着至关重要的作用。一个领导应该有眼光、有同情心、有智慧，这些能激发学校的创新精神，促进教职员工为学校的发展贡献力量。我相信良好的领导能力应该能促进员工个体的发展和集体的智慧。

学校管理者在2010到2011年间从政府接手管理，这个学年有很严重的财政赤字。由于不太成功的管理和越来越低的收入，学校在挣扎着维护自己的声誉。另一个重要的问题就是要增加学生的数量，以便提高收入来平衡三年规划的开支预算。

在了解学校的现状之后，我们通过建立一个稳定而可靠的构架来引导合格的教育和良好的学术价值观，以此来构建学校的声誉。

通过现状评估，我们发现学校面临的一些核心问题有：学校推广的不足；教职员工之间缺乏沟通且积极性低；职责描述不清导致行政人员工作冲突；偏离以学生为主导的教育导致学生不满；收入日趋减少而支出逐渐增加，办学经费严重不足。

战略规划需要我们先决定将来想要到达什么位置，我们如何实现这个目标，以及我们应该做些什么来达成目标。学校新的远景就是要成为一所可靠的合格的教育机构，葆有国际价值观，寻求学术发展，同时对地区发展作出贡献。其战略目标是：管理上，根据法规和新的战略计划设置改革委员会，并设计学校改组方案，精确描述每一个岗位的职责，设定新的工作绩效标准，旨在提高员工的满意度。学术上，致力于改善教职员工的工作条件，努力提升青年教职员工数量，开展富有学术价值和应用前景的新项目，调整过时的课程。外部关系调整上，改善与政府的关系，增进与非政府组织、行会、协会的友谊，并与本地区的居民保持良好的关系。

三、基于战略规划的行动计划

为达成这个目标，需要准备一个行动计划。在确定学校的优势与劣势之后，我们起草了一个新的项目来提高学校在国内外的知名度。项目团队由学术和管理人才组成，团队的任务和角色都是经过一系列会议而确定的，同时该团队也受到了培训项目的支持。

要实现一个成功的变革机制，必须确保有效的沟通，而组织层级的庞杂是有效沟通的障碍。新的组织计划力求达到合作沟通的境界，能解决学校的推广、声誉、管理以及学术重建等问题，同样也能对内部动态起到良好而有效的管理。新计划的实施是以学生为本的教育、学术价值的提高、审核过程的加快为基础。推广和声誉管理、学生社团、图书馆、体育中心等都应当在校长的职责范围之内，同时，它还应当承担起合作沟通事宜。新的组织机制将有助于员工们对自己的工作重心有一个清晰的认识。通过这种方式，员工就会对学校组织的远景和目标有一个清晰的认识，也会明确他们自己应尽的职责。

校长负责合作交流，有关提升大学水平和改善相关学生工作则属于我的职责范围。同时，为构建以学生为中心、让学生满意的体系，从而有助于学生毕业后掌握良好的沟通能力，我们鼓励学生在其自身的团体中积累实践经验，校长管理下的各职能部门应当以鼓励学生提高社交能力为目标。提升大学水平是我的责任，在这一机制下，合作沟通是保持内在动力、监测外部环境的唯一途径。大学的提升包括大学声誉的管理，其中包括这所大学能为其国内外的本科生、硕士生、博士生提供些什么机会，而这往往被忽视。

校长负责学术工作及其评价过程，与学术组织一同预测课程体系是否符合国家高等教育标准。这不仅要遵循已形成的审核标准，对正在实施的项目进行评价，而且要为即将实施的项目设定新的评定标准。

任何深思熟虑的变革都需要有三年或五年的战略规划，改革给人们一次又一次带来不安，但同时在员工中燃起了激情与希望。最重要的是它将使我们在转型期有可能控制任何内部因素与外部因素对我们的影响。

学术与政策管理部门的员工、咖啡店与餐厅的老板，这些学校的股东都在第一时间直接受到了变革对他们带来的影响。员工第一次经历了因为部门被更替与转换工作环境带来的不安，用了将近半年的时间来适应一个新的工作环境和新的工作。除了提升员工的效率，提高硬件资源的利用率也在同时进行。新的高度透明的机制鼓励员工们的主观能动性和个人发展，旨在提高员工适应能力的新的项目陆续开始，仅上学期开设的科目就有“领导力”、“肢体语言”、“工作效率”和“沟通技巧”等。

学费并没有变动，这项决定收到了广大学生与家庭的欢迎，然而需要其他方法来削减办学开支。为了充分利用硬件设施而修建教学大楼，其他比如降低20%的春游花销，降低10%的燃油费用，以及增加50%的社会活动赞助资金等方法也在实施中。教职员工需要更高效地利用办公时间来指导学生，尤其是第一年的新生和正在参加项目的学生。教职员工还需要为学校推广活动作贡献，积极参加这类活动。我们组建了一个新的委员会来改善一些不受学生喜欢的项目，有五个新开设的项目面世后便很受学生欢迎。

战略计划中最重要的目标之一是使学生满意，这对于一个以学生为中心的教育体系来说是很重要的。我们设计问卷向新入学的学生调查满意度、对学校的印象和未来的期望。问卷答案显示大多数新生憧憬未来的大学生活，而几乎没有学生碰到住宿和对城市和学校环境不适应等问题。由此可见，旨在帮助学生适应学校生活的项目和对游历城市的项目起到了积极的作用。这份问卷对于规划学生的未来也有着重要的意义。多数学生希望大学教育能够辅以实际的训练。学生满意度将通过改善住宿条件、校园活动、实践教育来提高，而这些手段能使学生在完成学校的课程项目之外也在相关领域得到实践锻炼。在校生需要和教职员工保持良好的关系，今年教职员工的培训项目就是沟通技巧，尤其是对入学登记处和住宿办公室员工的培训。

战略计划的远景和目标报告给了首相和教育部长，他们更愿意看到一个能在短期内提高学校形象的计划。在开了几次不同层次的会议后，我们和政府的关系得到改善，并且签订了新的协议。和政府机构保持良好的关系也有助于学校管理机构更容易地解决一些问题。外部因素也包括和一些国家权威机构、土耳其高等教育委员会、地区的非政府组织以及学生机构的代表不断改善关系。

四、任职期间EUL的变化

在我任期内，莱夫卡欧洲大学取得了若干重大的进步。学生人数的显著增加，显示学校比以前更受欢迎了，这是因为我们有一个良好的沟通过程，包括新的形象、新的愿景、新的信息、新的项目以及信誉。在战略推广方面的革命性变化，是学生对于我们的项目感兴趣的最重要原因。

我担任校长之后，实施了一个有关电视的计划，以及一个关于改善电台设备的计划。这些计划对于学校来说很重要，目的是为了能和所有的股东建立良好的沟通关系，尤其是和学者、学生以及当地的人。首先，教职人员有机会分享学生的活动和工作。其次，教职人员开始播报一些有关健康、运动、旅游、文化的节目，对于学生的学习生活也非常有用。同时，他们也在制作一些针对当地群众的新节目。随着电台工作室设备的更新，我们和教务长一起讨论新的项目，准备一些介绍他们的研究领域的短节目。音乐档案被重新整理。我们在餐厅、咖啡厅和学校一些空旷的地方安置了新的放音设备，学生在校园就能听到我们的节目和音乐了。

前两年，我们设置了拥有五个新项目的课程体系，它们也都通过了YÖDAK 和 YÖK的正式批准。这些都是土耳其学生最需要的项目，而且在未来十年也有就业前景。为了开阔学生的国际学术视野，我们和五所学校更新了学生互换项目，也和土耳其的两所学校规划了新项目，还和苏丹阿曼以及英国的两所学院确定了合作项目。通过这些项目他们可以作为交换生去参加一些短期的学术交流活动。

在任期内，我着力改善学生的住宿环境。在很长一段时间里，住宿条件和住宿费都让学生不满。每年2000美元的费用让学生非常不满，这是因为里面既没有电视、空调（当时塞浦路斯连续6个月都超过35℃），网络端口也不够。因此，我们决定租用土耳其住宿服务部的宿舍，这是由土耳其共和党支持的、为学生提供住宿的非营利机构。通过这个方法，解决了460间宿舍，每天提供午餐和晚餐，同时每个月费用还降低了20美元。这对于学校来说是个不可思议的转变，土耳其的学生在选择塞浦路斯莱夫卡欧洲大学的时候也会考虑到住宿这一点。

我们学校位于岛上的一个乡村，学生会和体育活动中心组织的活动，对于学生打发业余时间非常重要。然而，资金的匮乏导致学生组织活动举步维艰。管理这些部门是我的责任，我要找到方法来激活它们。我开始寻求社会基金的支持，并在6个月之后找到了。除此之外，我重新考查评估学生社团的作用。我和教务长一起讨论，合并了一些有相似功能的社团，也关闭了一些不再发挥作用的社团，同时根据学生的需求开设了新的社团。我们要求社团每年要举办四场活动，并保证在每个学期的开始即筹备活动。我们这样做能让他们有充分的时间准备活动，也能让他们更加认真地对待这一工作，因为他们的表现决定下一年能否得到活动经费。这同样也能推动他们互相合作把工作做得更好。

学校的重要责任之一就是要对这个地区的经济和社会生活作出贡献。因此，和本地区保持良好的关系是很必要的。本地区有很多非政府组织，多数是关于环保事业、文化遗产、旅游、慈善等，还有两个旨在为女性提供更多机会的妇女组织。当我考查学校内部的活动时，发现很少是由非政府组织举办的。非政府组织的代表也希望寻求更多的合作机会，他们过去抱怨没法从学校那里得到更多的帮助和咨询。他们是对的，学校里面许多有能力的学者可以为地区发展贡献自己的一份力量。

在较短的时间内，我们开展合作项目，改善彼此关系。他们开始经常探访我们学校，我们也尽最大的努力来支持他们的项目，这使得他们更有动力。一年后，本地区最活跃的非政府组织——莱夫卡女性协会授予我“年度女性”的奖项，表彰我作出的贡献以及为学校和非政府组织之间建立良好关系而作的努力。

在我的任期内，当我提出关于在第三世界推广学校的计划时，我感到来自同事的阻力，比如副校长和副部长等。我认为有部分原因是他们还不习惯由女性来提出新的想法，而且我还是高层中唯一的这么活跃的女性。然而，他们有时也会忽略一个现实，那就是提出新的战略是我的责任，而且我需要尽快地设定目标。

五、女性的追求与人生的平衡

塞浦路斯的女性和男性学者的比例分别是36% 和 64%。女性学者的数量还没有达到一个相对令人满意的数字。而且，和学者数量相比，在管理层的女性人数只达到了17%。这显示在学术生活和管理岗位上存在着巨大的性别不平等。造成性别不平等的原因不是女性对于学术研究的贡献比男性少，而是因为缺少制度的支持来推动性别平等。与男性相比，女性有更多的家庭责任，而且通常很少活跃在学术领域。她们缺少一个通过非官方渠道和同事分享知识和经验的机会，尽管她们和男性一样也有这样的需求。

这个问题应该被提到制度的高度进行考虑，在高校中，应该给予她们更多平等的机会，以此来鼓励女性承担更多的管理责任。像北塞浦路斯，传统上的“男性管理”观点占主流，法律法规都会助长性别歧视，而这些也是需要调整的，男女享受平等的机会应该得到立法的保护。学校应该通过各种培训项目提高女性的管理能力。

在大多数国家，有一些关于促进和改善女性工作和家庭环境的协会。然而，类似的学术协会我国还很少。我们应该鼓励女性成立一些学术工作团体和协会，这样有助于她们相互合作，交流经验和知识。

为了实现事业目标，我们通常要比男人走更曲折的路，这是由于社会对于性别的一些态度。除了这些角色定位之外，毫无疑问，女性通常会自然而然地被赋予家庭主妇的角色，而这些会使我们用大量的时间来处理多重事务。同时，对于女性而言，多数时间是被期望用于维持家庭关系的。

在这样一个现实环境下，我一直努力地维持工作和家庭生活的平衡，不忽略其中任何一个。我知道现实中的困难就在于平衡工作和家庭生活。我通常会保持工作和做一个好妈妈之间的平衡，而不仅仅做一个好的家庭主妇。但是我知道追求完美是不可能的。我相信教育子女才是我生活中最开心的一部分。

当我开始自己的职业生涯时，有很多时间追求我的理想，而且我很快就实现了它们。在20到30岁，我获得了学位，也担任了很多职务。我24岁结婚，当时我正在读博士。由于教学工作，28岁我才生下第一个孩子，33岁生了第二个孩子。当时在养育着两个孩子的同时担任新闻和公共学院的院长。在家的时候总是很快乐的，不管工作一天回家后有多疲惫。很快我被调到校长办公室工作，也就更加忙碌了。我在办公室负责很多事情，也是团队里唯一的女性，专门负责校长的协商准备工作。不管家里出现什么状况，我也要像其他同事一样时刻准备好。

在那个时候，为了更好地管理时间，同时保持工作和家庭的平衡。我渐渐把所有的业余时间都给予了家庭和孩子，减少工作活动时间，比如朋友聚会、体育运动和其他的一些社交活动。而且，我通常在晚上11点当孩子们都睡了之后开始工作，这是为了做一些学术研究，有时也会做一些办公室的工作。这样公私兼顾是很累的，但是这是唯一能兼顾工作和家庭的方法。在这段时间里，母亲的帮助对我真的很重要。

在30到40岁之间，我在养育孩子的同时也几乎达到了职业生涯的高峰。很难想象那时我有多忙，因为我几乎用尽了我所有的时间和精力。然而，当我想起那些日子的时候，我觉得那是我生命中最好的岁月，因为它充满了热情、成绩和努力，同时也是与我的孩子共同成长的美好时光。

我一直相信成功是"有能力管理和平衡好生活的每一个部分——做一个学者、研究者、管理者、母亲、看守者、未来职业和家庭的规划者，不能忽略任何一个"，否则你就会觉得不开心。我的生活哲学就是和我的家庭分享所有的期望，也鼓励他们和我分享他们的期许。由于要参加学术展示、国际会议和研讨会，我经常会到世界各地旅游。考虑到这个，我会尝试扩大我的学术项目，而且如果学校的日程许可的话，我会尽量带上我的其中一个孩子或是我的家庭，而我能和我的家人在一起感觉非常开心，我会花一些时间和他们一起参观当地的名胜古迹和自然风光。我们可以一起度过很多美好的时光。

现在我正在展开40岁之后的工作和生活之旅。由于我已经完成了学术头衔所需要的大部分要求，从现在开始我计划做更多的研究，再写几本关于我感兴趣的领域的书，然后再和我的同事合作一些国际项目。我们的期望是更多地对学术事业作出贡献，并且鼓励年轻学者们。对于一些学者来说，做行政工作的同时，研究学术也是他们生活的一部分。参与行政管理会给一个人带来更多的责任，也就意味着会耗掉他更多的时间。

对我来说，在30岁的时候成为院长和校长，我既花了很多精力在学术研究上，同时我也学会了如何保持工作与生活二者的平衡。首先，这需要对于工作的合理安排，工作花了我大量的时间和精力。我尝试组建团队，在团队里人们可以学会分享和讨论问题；我也尝试分配责任并监督过程，在必要的时候参与其中。还尝试在他们完成任务的时候进行指导……但实际上这并不是节省时间的方法，反而有时需要更多的时间。组建一支行政团队是唯一帮助我提高工作效率的方法。然而，作为校长，我需要考虑到与学校相关的每一件事，比如它的远景和任务，因此责任的增加使我在处理细节方面变得更加专业。项目、计划、会议、访客、股东、学生、学术问题以及其他要改善的地方，这些问题都需要花很多功夫来解决，实际上要同时做好行政和学术是非常困难的。

为了能在全球化变革和发展的浪潮中拥有一个稳定的未来，我们应该鼓励全民接受教育。而且，为了实现个人和学校的发展，教育不应该限制在某个时间，而应该是终身的。终身学习应该被鼓励，因为它是个人和学校发展的一个重要组成部分。当你发现生活的新内容时，生命会更有意义。当你在某些方面学到更多的时候，你会意识到自己学到了新的知识并且产生了新的认识。

在未来，我想通过改善终身教育中心来使更多成年人受到教育。我会鼓励我的同事以及我自己为中学生在选择专业时提供参照。我会举办针对本科生就业以及研究生未来计划的研讨会，我认为这些对于指导年轻人了解自己的兴趣与时代的需要具有重要的意义。我希望在未来关于性别平等的研究能得到更多关注，高校女性领导人的数量也能不断增加。我认为这会对行政事业带来更多的动力、前景和创造力。我相信如果女性更加自信、坚毅并且相互支持，她们将更加容易克服在生活和职业过程中的困难。女性应该铭记她们在社会和经济生活中的重要作用，由此更多地投入到事业和学术研究中去，作出更多贡献。

大学治理的责任和促进性别平等的努力

墨西哥国立理工学院校长布斯塔曼特·迪亚斯

罗苑晴/译

作为一名大学校长，我肩负着光荣的教育重任，秉持明确的教育信仰和目标；作为社会中的理想女性，我对生活中的一切困难险阻无所畏惧，心中没有恐惧、悲伤和孤独。接下来，我想讲述有关我的童年、我的家庭中较为私密的生活经历，回顾工作领域中的起起伏伏，并就所担负的墨西哥国立理工学院校长这一职责作简要介绍，与大家分享作为一名女性校长的追求和梦想。

我出生于1942年12月，那是个习惯于在家中接生孩子的年代。我有一个弟弟和一个妹妹。我的父亲坚信每个孩子的名字必须有一定的意义：我的名字Yoloxóchitl在当地的土著语言里是“心灵之花”的意思，弟弟的名字Tonatiuh则代表着太阳。我母亲生妹妹的过程非常艰难，因此父母给她取名为Úcum，意为颈部颜色奇特的鸽子。

我在墨西哥城老城区内的一个贫民区里长大。所住的房子由砖坯砌成，看上去很古旧，是20世纪初的建筑，所有的房间位于大院子的周围。这个街区的街道布局比较复杂，同时诸如警察介入查案等众多问题时常发生。尽管如此，我生命中最精彩的一段时光是在这里度过的。

我母亲是一位教师，她对所从事的职业的热爱之情以及遵从自己兴趣做事的态度深深感染了我。我的父亲在墨西哥国家铁路部门工作，经常在城外出差，我们很少能见面。尽管如此，他尽其所能在繁忙紧张的工作中抽空同我交流，因此彼此间关系十分亲密与融洽。最终在他的影响下，我实现了梦想：学习工程学。

1956年，14岁的我怀着将来成为生物化学家的梦想和信念，进入墨西哥国立理工学院学习中高级课程。两年后，因学校课程结构的调整，我所选择的专业改为生物化学工程，但我带着同样的热情和激情完成了专业的学习。这一段学习时光里，墨西哥国立理工学院的办学理念、校训（“技术为国家服务”）、校歌以及校徽（上有作为学校足球队吉祥物的白色母驴和足球比赛中特别的喝彩口号“Huélum”，音译为“吾艾伦”），无不让我产生由衷的赞赏和崇敬之情。

1963年将近22岁时，我在同一所学校开始正式的大学学习。我和一个朋友获得了实验室助手的职位，辅助一位知名医生工作。尽管在工作的头三个星期，我们学到的仅仅是如何清洗吸管，但当时的我们正处于朝气蓬勃的年龄，心中充满对知识的好奇和学习的渴望。正当那时，命运告诉我：持之以恒进行研究与教学工作，将是我未来获得有趣的智力生活的完美方式。与此同时，我预感到提高自身竞争力在未来的生活里的必要性。

毕业后我决定服务于制药工业领域，将自己在工程学专业中学习的知识应用于实践。我被任命为一家公司质量监控部门的一把手。一段时间后，我转而负责关于产品质量方面的所有事务。我的手中掌握着使用公司产品的病人的生死，为此必须确保产品质量安全。在工作中，我学会了如何秉持严谨的态度。不管在组织中担任何职，我们所有人，女人和男人，都是一样重要的，我们都是自己事业成败的关键因素。

几年过去了，和同事们在一起的日子里，我增长不少生活经验。我辛勤地工作，怀着梦想规划未来，不停进行自我反思并继续勇往直前。在这家公司和接下来我工作过的制药公司中，我都学到了很多十分有用的知识。我认为，曾经受过技术培训的女性，能在实践中不断提高管理方面的能力，并在工业领域的管理组织层中逐步获得晋升机会。之后的几年，我负责药品的整个生产过程，即从药物原料的选取到制成品的有效分配。二十年后恰逢公司第四次合并的时候，我毅然决定辞职，这不仅因为到了该退出制药业第一线的年龄，还因为我无法认同该公司总部的一些商业原则。

这样一个重大决定，让我发现了我生活中的另一面。我与几位同事一起创立了一家医药行业的小公司，与此同时，我还决定在制药领域开展培训计划。我在同时从事的两样不同性质的活动中汲取了许多宝贵的经验，清楚地了解到小企业家在努力通往成功的路途上必须经历些什么，这些对我日后的事业有很大的帮助。

在制药业工作的最后几年间，我决定接触个人感兴趣的其他活动，以便一旦退出制药领域的工作后能全身心投入其中。我考取了理性情绪疗法的硕士学位。理性情绪疗法主要传授对多种情绪平衡控制的知识，此外帮助发现消极情绪并作出合理的评价。学习这门专业是一件幸运的事情。我认为所有的工作者，不管是女性还是男性，都应该选择和接受一种具有补充性的拓展培训，以便获得更健康的心理状态，这有助于获得一份更好的工作。

可惜的是，这种关于心理情绪的学习并没有构成年轻人学习的一部分，我认为我们应该尝试把此内容的学习归入必学课程中，促使年轻人更好地掌控自己的情感生活，尤其是减轻15至18岁之间的青少年情绪上的压力。概念性和合理性的问题，在人们心理和情感上，特别是功能性健康上有着举足轻重的地位。我打算开一家自己的治疗诊所。

然而意想不到的是，我收到了来自母校墨西哥国立理工学院的邀请信，聘请我为学校技术联络协调人员。就这样，我成为第一位获得该职位的女性，并在此岗位工作了三年。命运赠予我重回理工学院并报答母校教育之恩的机会。繁忙的学校工作，让我不得不将理性情绪疗法搁置一旁。

再后来，感谢时任校长的提拔，我开始担任学校学术秘书一职，这意味着又获得了一次个人成长与学习的宝贵机会。同时，我被邀请进入联邦政府公共教育秘书处工作，出任中高级教育副秘书长，负责组织协调涉及300万学生和15万教职工的高级教育活动。卸任后，我重返墨西哥国立理工学院学术秘书处工作。

最后作为三位候选人中唯一的女性，我被墨西哥前总统费利佩·卡尔德龙选为墨西哥国立理工学院校长。卡尔德龙总统任期结束后，国家领导人的更替亟须重选国立理工学院的领导人，此时，我很荣幸地被现任国家总统恩里克·佩尼亚·涅托再次任命。

在这一背景下，国立理工学院在我的带领下一如既往地秉持一个明确的观念：突出大学教育与所有社会成员的重要相关性，突出终身教育。也就是说，一方面，学校招收年龄在15至30多岁之间涵盖从高中教育到博士层次教育的学生；另一方面，学校向年龄更大的群体提供教育和培训。这一有关受教育者范围的扩大决定了校内政策的实施方式以及相应的教学理念与办学目标。

如果未对上述教学对象进行认真考虑，将会在实现目标的过程中遭遇风险。在实践中，对于那些希望在教学活动中获得更好条件的学生，或者希望接受免费教育而为学校贡献才智的学生，我们都应该加以理解并与他们一同合作。另一方面，有些老师极力争取晋升的机会，除了依靠自己的实力之外，也会通过他们的组织来捍卫这些权利。同样，我们不能忽略学校的行政人员，他们当中既有文化水平偏低的人，也有获得博士学位的人。这支工作队伍的巨大差异给内部协调工作带来不少困难。但是，正是这一差异性的存在亟须给予这一重要团体以更多关注和周全考虑。

我想强调的是，我们共同构成学校的领导组织，组织中的每个人都在学校下属部门中担任领导职位，但是也有部分不具备应有素质的人谋求学校的重要职位，他们只热衷于掌握权力而忽视了自身承担的责任和应尽的义务。这支队伍由校内最高级别的领导组成，并直接与我一同工作，其中大部分人由我任命。我努力尝试建立一支多方向延伸效能的工作队伍，既突出学校最高领导层的重要性，同时保证每一个人发挥自己的能力和实现自身的目标。

大学组织的性质和特点，决定了各种可能的观点、利益和方向的聚集，都要在人文色彩和人文关怀中予以关照，这样才能确保教学活动和教育目的之间的连续性、一致性和稳定性。以这样的方式组织大学，大学的各种活动才能健康开展，才能够及时得到信息反馈，并朝着持续完善的方向发展，建立起具有可塑性的学习型社区。我确信学校的管理既要有统一而有效的领导，同时学校的领导工作应清晰地反映不同团队的需求。

同时，分享教学信息、展示研究和学术成果，在合作中寻求多方意见的协调一致，给予学校所有成员更大的归属感，同时明确共同的责任感，要求每个人在其学习或工作领域发挥应有的作用。在一个纵向发展占主导地位的校园中，推动横向工作的开展是一个巨大的挑战。经过了三年的努力，我们开始收获一定的成果，全体师生共同参与学校的重大决策，从整体的角度来面对和解决学校的重大问题。

出任国立理工学院校长一职的机会同时伴随着几个重要的标志。其一，我成为拥有75年历史的大学的第一位女校长。也就是说，在我担任校长一职之前，男性主导学校的一切规章制度，女性只能在较为普通的基层工作。其二，与墨西哥其他公立的、并拥有与我校同等规模或更大规模的高等学府相比，我是唯一的也是第一位被推选为肩负如此重任的女性，为此我感到无比自豪。我的努力与工作成果在校内外都得到了充分的认可。值得关注的是，在男性占主导地位的组织中，我的当选和任职伴随着一定程度的争议和分歧，部分男性认为在一名女性领导下，他们已经失去了学校中的控制权和其他权力，同时我的能力也受到质疑。

这一现实和形势，要求我在重大决策的每一个细小环节中必须投入足够多的关注，以防止被认为是激进的女权主义者。我尽自己最大的努力保持治校过程中应有的专业、批判和客观的立场、态度。在我的工作团队支持下，为促使性别平等，为男女机会均等目标的实现，我致力于寻求有效并能广泛运用的管理方法。

为此，在2007年，墨西哥国立理工学院开启了与性别有关的特别项目，旨在树立性别平等的良好氛围，促使男女面前机会平等，努力使我校成为一所国立模范先锋大学。通过信息、教育、培训和其他多种形式的活动，消除性别歧视现象并朝着性别平等、相互尊重的方向发展，我们的大学已成为一个包括学生、教师、行政人员、研究人员和领导人在内的广泛的男女平等的文明社区。

下面的例子能够说明我们的努力。国立理工学院在任的教职工可享有自其孩子出生以后十三天的带薪产假或陪产假，同时可参加旨在提高管理水平、个人技能和促进自身积极心理的培训，这与教职工对子女的养育、促进儿童情感发展等是结合在一起的。

在所有包括学生和教职工的活动中，一项名为“我——女性”的活动尤为引人瞩目，该活动的口号是：我代表我的声音，我定义我的行动，我传达我的故事，推动理工学院女性的整体发展，促进女性地位的提升，让她们能够抛开性别歧视的烟雾笼罩，自信地与男性交流、工作与竞争。

我有意识地尝试着通过社团发表言论来锻炼女性教职工和女学生。而想要拥有更重要的岗位、责任以及平等的条件，就要学会承担，去努力自我提升，还要勇于表现自我。由于坚守着这些信念，我在学院中为女性谋得了更多的重要岗位，而她们，确实在自己的岗位上熠熠生辉。

墨西哥有成文的男女平等的法律规章，但问题在于：当我们具体执行这些法律规章时，却发现结果总会偏向男性，男性有更多的机会在不同的职位上大展拳脚。而各年龄段和不同社会阶层的妇女却没有足够的工作机会。大学中学术训练项目本身没有性别的区分，女性一样可以委以重任，然而数据显示，关于工程、物理或数学专业的女生所占的百分比是最低的；而大概有50%的女生会选择生物科学和管理学，其中管理学占大部分。

就我所知，男性并不一定占有绝对的智商优势。事实上，我认为女性对抗压力时会表现得更好。从生物学角度来说，女性需要经历不同的阶段，包括成为母亲。尽管如此，当孩子出生后女性奉献时间去照顾后代时，男性通常会以维持家庭生计为借口而推卸照料孩子的责任。这样的区别对待本不应该存在，抚育后代应该是两个人的责任。如果女性只是不断生孩子与抚养孩子，那么她们的使命永远也完成不了。

女性要抵抗社会壁垒，尤其是从上一代传承下来的。我知道女性每天都会面对很多障碍，但在我看来，教育下一代要尊敬妇女就是一个很好的解决方案。如果父亲尊重他的夫人，那么男孩子们就会尊重自己的姐妹，也会尊重和自己共事的女性同事，最后，也会尊重自己的夫人。女性的义务不应仅仅局限于做家务和充当家庭成员之间的纽带，她们理应获得更好的机会去进行专业化发展。然而，这却不常出现，大家通常都会想当然地认为女性就应该照顾家庭和孩子，并且认为这些事情是不需要训练和学习的。这个假设是完全错误的。明智的父母会用良好的教育、正面的例子、积极的影响，让孩子打破不好的性别观念习得经验。

我很幸运，自孩童时代起，我的家人就给予我良好的平台去做一些专业的活动，现在我的丈夫和家人还是一如既往地支持我、尊重我和鼓励我。但我不得不承认，有时候家庭与工作二者重要性的权衡却让我伤透脑筋，我很难在两个选择之间进退有度。

直到现在，我对这个困境只是依托于一个信条，就是珍惜与家人在一起的每一分钟，而不是一定要花大把的时间与他们在一起。家人对我从事的工作的认同和理解也是我的一大动力。然而事业与家庭不可混为一谈，他们需要有各自的时间和空间，他们都很重要，都不能被忽视。我们现在面临着不可小觑的挑战和责任，让我们共同努力，为促进男女互相尊重、男女平等成为现实这一目标而奋斗。

实践大学发展计划 培植女性领导力

墨西哥阿斯卡波萨卡市自治大学校长伊瓦涅斯·比利亚洛沃斯

罗苑晴/译

阿斯卡波萨卡市自治大学（下文简称为UAM）是一所具有40年历史的公立大学，也是墨西哥三所顶尖大学之一。UAM秉持优先为社会服务的承诺和职责，积极寻求解决社会问题的方法，推进国家向有利的方向前行。UAM始终不遗余力、负责任地为年轻人提供教学活动，教授与研究人员为培养富有责任心的公民而辛勤工作，与此同时，独特的校园文化在教学活动中得以保留与传承。

一、履行UAM校长职责

自2009年7月起，我很荣幸地被UAM领导小组选为该校的校长，在担任校长一职过程中，我全身心、负责任地投入工作。对我个人而言，这一个任职阶段加深了我对所在大学、城市以及所接触到的人们的认识和了解，并学到了很多东西，但是至今还有很多方面需要我去学习，主要是在关于人性方面的学习。凭借个人的激情、能力、原则和信念，我光荣地获得了校长一职。站在学校管理的高度，我希望我的工作能够延伸至更多领域，并在自己所接触的领域贡献一点力量。

1981年，我毕业于墨西哥一所公立大学，本科专业为图文传播设计。在这所大学里，如同1977年上大学的时候，我很荣幸地有机会得到成长和自我发展。从1984年起，我在高校任教30年；1999年至2009年，负责学校教务协调工作；2002年至2006年期间，担任系主任；2006年至2009年期间，担任院长。从2009年起，担任该校校长，对于我来说是一次宝贵的机会和难得的经历。身为一名校长，我严格要求自己，信守与师生、学校、社会、国家、家庭、自己作出的承诺，我强烈地意识到学校领导层作出的决定，会对整个大学的现在和未来具有深远的影响。

同时，任职校长这段时间是我个人独具意义的阶段。我经历了欢乐和忧伤、鼓励和沮丧、成功和挫折，我试图化忧虑、压力为动力，丰富我的个人经历。这些年在我与不同的人的接触与交流过程中，对我最有价值的收获是获得了他人对我的信任、支持和友谊。在这一阶段，我一直辅导本科学生和指导设计专业硕士生的论文，与此同时，我也有机会举办一些学术会议。然而，由于我的工作是全职的，工作量很大，导致了我不能很好地关注教学，也不能在学术研究方面有所进展。

大学是对知识进行探索、保留和传承的集体场所，必须高度重视关乎个人或集体利益的学术价值。无论是作为校长还是学术委员会主席（学校最高机构领导），大学的愿景和学术目标，给予我莫大的动力。本着同样的学术精神，我成为学术委员会和其他机构的学校代表，负责对外学术交流和管理工作。我积极寻求所有领域学术交流的平衡，经过这些年的持续努力，校内外学术交流与合作都呈现良好稳定的态势。

总的来说，担任校长，我履行的职责主要有：负责培养有竞争力与责任感的教师和研究学者，能够适应多种未知的情况，开展专业的、负责任的、精心设计的训练；最大限度地推动科学主义与人文主义相结合的活动，实现生产与传播新知识的承诺，应用现有的知识造福国家的发展和改善民众生活；保留与传承大学的文化，对校园服务和对外交流活动进行必要的改善和拓展。学术领域我坚持一个主要的目标是：分析与重新定义大学的各项活动，迎接各种挑战，推动和加强大学管理工作，致力于学术生活和工作环境的改善。在拥有较高学术质量、透明的问责制和良好的社会知名度的高校，这些目标将在各个领域使我们的竞争力上升到一个更高的层次。针对每个教师和学者的学术指导和建议是学校发展计划的一大内容，在此基础上支持教师开展学术项目，每一个项目都要以个人的贡献、责任、权利和义务为评定标准。

没有来自教师、团体和工作队伍的长久支持和不懈努力，任何重要的活动、事件都不能成功举办，甚至一些看上去不那么重要的事情也不能得到很好的处理。与其他学校校长职务一样，我有义务并有责任协调校内各部门，如学校秘书处、各学部、各研究小组，以及教师、行政人员和学生，等等。因此，我优先推行和加强校园间的对话，作为推行校园民主的基础，以共筑和谐、调节矛盾、强调包容为口号，这为众多事项达成共识打下了不可或缺的基础，为此可以更好地指导学术研究，必要时也能很好地解决出现的困难和问题。我认为在问题面前我们应该通过学校管理机构来集思广益，在各方意见中找出一个折中的方法，运用累加法，而不是排除法。这一思路促进了工作中的自主性，师生可以以最佳的方式和状态开展并完成各自的工作和任务，同时也能避免不必要的错误和不公平现象。然而，仍然有一些错误难免会发生，我很感激慷慨包容的人对我和学校管理团队的关心、尊重和拥护。为此，无论在意见统一或是分歧中，我都能够与他人在相互理解与包容的基础上一起工作。

在思想、观点与期望多元化的校园里，我与我的领导团队坚持不懈并竭尽全力地处理与解决学校出现的各种突发情况。在体制框架内，我们将尽自己所能进行协商和调节，有时候比较简单，但是更多的是比较困难和复杂的情况，有成功的例子，也有失败的教训。解决这些棘手的问题需要足够成熟处理此类事件的人，通过交换意见和建议、友好地争论等方式进行协商并达成协议，避免不包容、排斥、不让步、传统主义、暴力现象的发生，倡导包容、自由、公平、团结、平等的精神。

二、践诺UAM发展计划

任职以来，我着力推行与实施2010—2013年的UAM发展计划，该计划由学术委员会通过。值得一提的是，在此之前，学术委员会作为本校最高机构从未通过任何一项发展计划。该发展计划属于学校中期发展战略，对各领域未来图景有着深远而持久的影响。除了相关指标以外，此计划整合了所有治校治学策略，用以实现大学的共同目标。而2011—2024年的发展计划，则统筹了为实现我校治学目标而设计的所有策略。

自我担任校长以来，学校成立了协调机制小组，用以对上一年所取得的进展和成果进行年度审核，并明确将要实现的目标。在学校各部门领导层的支持和协助下，自2010年以来，协调机制小组成功举办了近25个会议。这一平台很好地整合了学校发展战略、明确了共同任务，并有效地跟踪具体的目标和策略。不仅如此，为了更好地处理问题，在我提议下我们定期举办季度跟踪汇报会议，与会成员由各部门领导、学部从事教学活动和研究活动的负责人和学生构成。

我校分别在2012年的1月、5月、9月和2013年的1月举办了第六至第九次常务会议。会议向参与人员提供了对各项详细指标的分析，如毕业生、在校生、专业、学术研究任务的指标等，各部门领导在统一的框架内面对挑战和可能的发展潜力，站在学校整体立场上共同制定详细而明确的方略和协议。毫无疑问，这一过程充满复杂性，需要我们与参与者一样抱有一贯积极的态度，需要我们对可能产生的困难作出合适的估计，从而提出预案或达成协议。

过去四年，我们稳步推进UAM发展计划，学校取得了长足的进步。在学校所设立的17个专业中，有16个获得国家的认证或再认证，多个硕士专业达到国家高校硕士专业质量项目（Programa Nacional de Posgrados de Calidad）的认证水平；获得教师改善计划（PROMEP）约1800万墨西哥比索（折合人民币约900万元）的额外资助，用以资助从事研究活动的教师和学术机构；开发了电子资源库Zaloamati，用以发布我校教师学术研究成果，并充分发挥媒体的优势，潜移默化地宣传公众可以理解和接受的哲学知识。

由于当前许多私立大学招生量不能满足社会需求，教育质量参差不齐，社会转而增加对公立大学的需求，这对于UAM在内的公立大学都是一种挑战。目前，UAM面临着众多挑战：有限的预算无法满足日益增加的教育、研究、文化传播的需要。为了缓解供需矛盾，我校获得由政府实施的额外资源资助，如科学与技术委员会的墨西哥国家研究系统（SNI, el Sistema Nacional de Investigadores）、国家高校硕士专业质量项目（PNPC, el Programa Nacional de Posgrados de Calidad）以及教育部的教师改善计划（PROMEP, el Programa de Mejoramiento del Profesorado）。

我坚信墨西哥公立大学在结构根本性转变过程中扮演着重要的角色。在自由的世界里，我们应该放眼未来，迎接有规律变化的挑战，以负责的态度寻找与社会各界交流的新方式。面对世界的不平等和不公平现象，我所在的大学应该成为个人成长和集体发展的良好平台。在这个充满怀疑和缺乏信任的世界里，我们应该更加关注艺术、科学和文学领域，为社会团结、为提高生活质量而奋斗。

近几年我校面临的问题日趋复杂，UAM是一所思想多元化和包容性极强的大学，但同样存在文化差异和社会竞争引起的问题。这也是学校面临的其中一个挑战，为此，应该加强交流和改善学校的环境。在这一点上，我积极推动对话活动，以便更好地相互了解，加强团队合作，达到求同存异的良好效果。我认为这一过程所获得的成果得益于个人和团体的努力。为了弘扬集体主义精神，我校制定共同目标，全体师生一致努力，继续发展大学教育和扩大我校在国内与国际教育舞台上的知名度。面对拥有2万人规模的大学，保持开放、畅通的沟通渠道十分必要，这能保证学校内部各层次的人进行持久而稳定的对话。

作为UAM校长，在我校的社会承诺的基础上，我尝试推广一种基于自主学习和学术自由，并适应各种复杂挑战的高校教育观念，秉持公平、公正、高效等基本原则，寻求影响国家发展的社会问题解决方法。我所做的治学政策方面的决定始终受到最优的大学精神和服务精神的启发。我十分坚定地相信大学校长最明确且最具深远影响的职责是确保学校体制的完整性、促进社区成员之间的和谐、保证大学整个系统得到有效的管理。

这些年来，我虽一直竭尽所能，但由于我们面临种种现实的限制，未能如愿完成所有设定的目标。面对有限的预算和资源、日益复杂的法律和行政程序、官僚现象等挑战，学校正在遭遇比较困难的几年。任职期间，我更加深入地了解了我所在的这所大学及其各个部门。我认为尊重差异是我校最宝贵的思想财富之一。作为校长，我通过自己的努力，推动了我校师生达成对未来目标的共识，增进了相互信任、爱护的良好氛围，营造了良好的发展环境。

三、女性在大学的奋斗

以我个人经验来谈，UAM为女性在学校管理层职位上提供了很多机会。我们学校着重优先考虑个人实力，而不是性别问题。但对女性仍然存在不可避免的偏见，在女教师的工作和女学生入学的过程中遇到不少的阻碍和限制。在与科学、技术有关的领域中，女性的参与度最低，同样，在学校最高领导层里，女性的身影为数极少。这种情况在所有高校和高校的领导层中又具有一定的普遍性。

性别待遇差别还体现在学校的头衔、职位称谓上。两三年前，我校关于校长一职之称只有Rector，而没有Rectora（在西班牙语中，名词有阴阳性之分，在这里体现为男校长称Rector，而女校长称为Rectora）。当时我申请对校长的称谓进行修改的时候，我得到的回答是：在法律层面上还没出现女校长这一说法。我认为这属于社会偏见现象，而在语言角度来看，这个问题很容易就能够得到解决。由于我的一再坚持，一年以后，我校校长称谓性别不平等对待问题得到了解决。

对于女性来说的一大困难是接受的教育很有限，特别是高等教育。在我校，较男生而言女生在学术活动中发挥作用较少。女性还要面临来自工作和家庭带来的双重压力，学校的工作会相对占用更多的个人时间。另外，并不是所有家庭都支持女性把更多的时间投入工作中。在职位待遇上，仍然存在由传统文化沿袭下来的性别不公平现象，“女性障碍综合征”或“玻璃天花板”现象仍然存在，这为女性担任重要领导职位带来了不少阻碍。同样，人们对女性在各重要领导岗位工作也持有不一样的看法。

高校中女性教师较少的原因有很多，如在工作中对女性的偏见和根深蒂固的观念，对女性担任高层领导缺乏足够的信心。学术研究、教学活动中女性的参与度也比较低。在任期长短、个人期望和文化心理等方面，存在很多亟待解决的问题。虽然很多女性在工作和智力方面得到更多的肯定，但她们自身仍需继续努力。在这一点上，有必要将男女平权的行动原则落实在实践中，为女性参与教学研究工作提供更多的便利，直到实现完全的性别平等。

令人遗憾的是，目前我校尚未有关于促进性别平等的相关体制性政策，现行的学校条例中没有一项能够确保女性平等地在学校各部门、各领域和领导职位参加工作。在这个层面上，我认为应该继续调查评估工作，积极提议制定一个兼顾战略和行动的工作议程，以更好地迎接墨西哥公立大学共同的和我们学校独有的挑战；扩大教育受众面，扭转墨西哥年轻人生活中存在的不平等、不公平局面，推动女性积极参与高等教育；制订专门服务女性的特别计划，并提供制度上的支持，充分运用现有的法律、政策、项目或基础设施等。

在UAM，我采取多种方法和措施，使女性获得更多在工作上展现自己风采和能力的机会。如今，女性已经在学校各个部门占据不可取代的重要位置。与此同时，从校内教学评估、规则制定等活动到学校领导的任命过程中，我尝试让女性教职工在其中发挥应有的作用，鼓励其为学校领导层建言献策。我认为，对于女性而言，与个人履历、教学能力、学术经历、教学经验一样，性别平等在教学管理领域是同等重要的。在任何时候我都愿意尽自己的能力，满足那些希望能够获得不同职位的女性教职工的工作需求。在我校14名系主任中有7名为女性，创下了UAM历史上的最高纪录。虽然女性通过自身的持续努力已经成功摆脱了固有的传统思维定式，但是有部分女性的私人生活仍受到监督和管制，另外一部分则面临来自家庭和工作的双重压力。因此相比于男性来说，女性在职业竞争中仍然不占优势。我鼓励她们以新的视角和观点解决老问题，在大学中担任重要的角色，采取不一样的领导方式。这些女性同事倡导公平，要求建立新形式的对话。她们不畏变化且很有远见，这让我感到高兴。

我曾经大力推动性别主流化，但是我们未能在制度或者政策上取得成果，最终没有达到我们预期中的效果。同时，我也在职能范围内不断努力，积极关注女性权利与机会平等，制订或完善相关的政策，促进性别平等。我校掌握大量关于性别问题的公共信息和数据。在此基础上，我大力推动关于女性和性别平等方面的调查研究，坚持完善校内此方面的规章制度，并获得了一定成效。任职校长的这段时间，我深刻认识到：我们应该在一定的领域持之以恒地努力，并继续坚持提高我校女学生、女教师和行政工作人员的能力，在体制上为她们提供必要的支持。

四、校长岁月

对我来说，任职校长是一个自我成长、自我发展的平台，是我人生经历中的巅峰时期。我的丈夫和儿子在我任职期间给予我莫大的爱、关心和支持，让我能够在和谐、安静的环境下从事我的大学治理工作。如果没有他们的支持，我会遇到很多无法克服的困难，这些问题都可能让我无法在一个公立大学中胜任校长一职。值得指出的是，在某种程度上，我的工作让我牺牲了很多与家人共享的时间，甚至影响了我的个人生活。尽管如此，我努力平衡好工作与生活的时间，将时间充分有效地利用。年幼的儿子每天在大学里陪伴我，他就在这样的环境中逐渐成长。现在，19岁的他跟他的父亲一样，成为了我不可缺少的同伴，为我出谋划策。

14年前我开始承担学校管理工作，职位由低到高，当中一直伴随着家人的帮助、支持和分享。在这一段时间里，我先后担任的职位是：本科教务管理工作人员（1999—2002年），由科学与艺术学部委员会任命的设计评估学系系主任（2002—2006年），由学校学术委员会任命的科学与艺术学部设计领域负责人（2006—2009年），阿斯卡波萨卡市自治大学校长（2009年至今）。在做校长之前，我是一个来自图文传播设计领域的设计师。很久以前有人告诉我，在我们国家其他的教育机构中也没有设计师出身的校长。人们也习惯性地称呼我“设计师中的女校长”。

担任校长没有固定的工作时间，一天的工作时长一般为10至12小时，甚至更长，周末常常也需要工作。要尝试着描述作为女校长的生活是什么样的，我会提起那特殊的一天。那是一个星期五的早上，我接待了来参加合作项目的德国大学的校长和他的专业团队。下午，我和UAM以及其他教育机构为一个学术项目揭幕。晚上，我又和民事保护单位小组、消防员和政府机构（代表团），一同讨论了一个几平方米大的蜂巢的解决方案，这个蜂巢在一栋大楼的门前、人群聚集的走廊上。

作为校长，意味着一段新旅程的开启，意味着大学传统的继承，我必须面对自己的优点和不足，面对人生积极和消极的时刻。有美好的一天，有糟糕的一天，永远不会觉得无聊。我非常荣幸有这份责任。

以确保高校性别平等为目的的性别主流化

墨西哥塔毛利帕斯州自治大学埃尔南德斯·利蒙[①]、古斯曼·阿库尼亚[②]

罗苑晴/译

墨西哥女性在高等教育机构的融合过程中取得了显著且卓越的进步。事实上，在墨西哥国内高校（简称为IES[③]）中，女性就读率比较高，但这一部分女性仍然面临着巨大的挑战，我们尚需与性别歧视、暴力、男女传统角色分配不公平的现象做持续的斗争。相比于男性，我们更难在工作中获得较高层的职位，同时我们也肩负着来自工作与家庭赋予的双重任务。毫无疑问，墨西哥社会仍然存在尚未打破的陈规与亟待变革的社会模式。

国内和国际的研究让我们坚信：作为教育机构的大学在社会男女地位的转变，以及对自然秩序的认知起着至关重要的作用。在此意义上，大学教育对于在社会中男女身份的认定构成具有决定性

---

① 墨西哥塔毛利帕斯州自治大学秘书长。

② 墨西哥塔毛利帕斯州自治大学学校机制强化整体项目代表。

③ Instituciones de Educació n Suprior简称为IES，即高等教育机构。

的因素。因此，对于女性来说，为改善生活及提高生活水平，教育是重要而基础的，同时我们应该积极投入社会活动当中。

然而，如果在男女不完全平等的情况下讨论高等教育的性别公平待遇，一切将成为空谈。为了促进大学校园的男女平等，我们应该变革校园文化。也就是说，要从上至下地展开纵向的变革。为减少性别不公平现象，大学必须实施相应的措施，设立相关的机构，以便及时发现和避免现实中歧视女性现象的发生。

2012年，为保证高校的性别平等，墨西哥联邦政府已相应地实施了初步的措施，但要取得更大的成果仍需要一定时间。非政府机构与负责实施性别平等项目的工作人员，提供了必要的经济支持，这表明活动的开展取得了不错的成果：一方面，墨西哥国内高校承认促进性别平等的必要性；另一方面，在大学内正在实行保障男女平等的相关政策。

为确保实践中的性别平等，墨西哥各高校必须将性别平等的原则，全方位地融入教育体制框架下的实践和评估活动中（也被称为主流化过程）。因此，必须将这一方面的工作深入到校内日常工作中。鉴于“主流化过程”的开展，学校和通用科目将会在讨论当中不断改进和完善性别平等。（佩雷斯和雷耶斯，2009）。

在认识到这一点的基础上，塔毛利帕斯自治大学通过“学校机制强化整体项目（简称为PIFI[①]）”在校内进行性别主流化活动。接下来，我们将会简要阐述这项计划的发展，这是在墨西哥高校中可以保证性别平等的有力佐证。

① Programa Integral de Fortalecimiento Institucional，简称为PIFI，即机制强化整体项目。

一、塔毛利帕斯州自治大学关于促进性别平等的横向项目与活动

为了探寻女大学生在校遭受男大学生在言语和身心上施加暴力的程度和类型，我校执行此项目活动的负责人（均为女性）在科学、教育和人文多学科学院（简称UAMCEH①）的女学生中进行了一项调查。这一调查选取了该学院教育技术专业的70位女学生作为研究对象，这一专业的女学生的总人数为224。参加者来自第一、第三、第五、第七、第九学期的全日制学生。教育技术专业学生占我校学生的大部分，因此选取该专业的学生作为研究的样本具有一定的代表性。

为调查情侣间存在的暴力行为，我们采取由2003年国家统计局（简称为INEGI②）创立的、用于全国动态关系调查的调查系统和方式。调查表包含了20个促成生理暴力、心理暴力和性暴力等三种不同暴力行为的原因和动机。

以下是对科学、教育和人文多学科学院的女学生进行关于上述提及的三种形式的暴力行为调查的结果。根据婚姻状态，将研究对象分为四组：1.恋爱未婚；2.已婚；3.单身母亲；4.单身（见表1）。

---

① Unidad Académica Multidisciplinaria de Ciencias, Educación y Humanidades，简称为 UAMCEH，即科学、教育和人文多学科学院。

② Instituto Nacional de Estadística Geografía e Informática，简称为INEGI，即墨西哥国家统计局。

表1 女大学生遭受的暴力类型

		常常	偶尔	从不
恋爱未婚	心理暴力	3%	16%	81%
	生理暴力	0%	6%	94%
	性暴力	0%	5%	95%
已婚	心理暴力	2%	15%	83%
	生理暴力	3%	3%	92%
	性暴力	0%	0%	100%
单身母亲	心理暴力	0%	15%	85%
	生理暴力	0%	10%	90%
	性暴力	0%	0%	100%
单身	心理暴力	3%	15%	82%
	生理暴力	0%	3%	97%
	性暴力	1%	2%	97%

注：数据为学校内部资料。

根据上表所示，在所有分组中，心理暴力是三种暴力类型中最普遍的。处于恋爱未婚状态的女大学生遭受心理暴力的比例最高（19%），其次为单身学生（18%）、已婚学生（17%）和单身母亲（15%）。

在四个分组中，第二类较普遍的暴力是生理暴力（即身体伤害）。其中，单身母亲遭受此类型暴力的比例最高（10%为偶尔发生），经济和情感上的脆弱状态使她们面临更高的风险。其次是已婚的女大学生，为6%。单身学生是遭受生理暴力最少的群体，仅为3%。

在所有分组中最少遭受的暴力类型是性暴力。根据调查结果来看，处于恋爱未婚状态的女大学生遭受此类暴力比例在所有组别中最高（5%为偶尔发生）。其次，为单身学生（2%为偶尔发生，1%为经常发生）。所幸的是，已婚组和单身母亲组的调查对象没有遭受性暴力。

这项调查的结果表明，年轻女学生的婚姻状态与其遭受的暴力类型有重要的联系。处于恋爱未婚状态的女大学生中，19%的人遭受过心理暴力，6%的人遭受过生理暴力，5%的人遭受过性暴力。

另一方面，处于已婚状态的调查对象中，17%的人遭受过心理暴力，6%的人遭受过生理暴力。在被访问的单身母亲中，10%的人遭受过生理暴力，15%的人遭受过心理暴力。而处于单身状态的调查者中，18%的人遭受过心理暴力，3%的人遭受过生理暴力，3%的人遭受过性暴力。

调查中最重要的发现之一是，与其他女学生相比，恋爱未婚的女学生遭受着最高程度的心理暴力和性暴力，同时，遭受生理暴力的比例也非常高。这一情况反映了在恋爱时期关系已受损的情侣在日后婚姻生活中发生暴力现象的几率更高，可从口头的侮辱谩骂发展为身体伤害和性暴力。如费雷拉（1995:171）所指出的："恋爱恰恰是为未来家庭发展作基础铺垫的阶段。"恋爱是爱情的浪漫阶段，是使恋爱双方关系逐渐紧密的时期。同时，在此阶段开始出现不良的暴力行为很有可能继续发生，这不仅导致双方关系的最终破裂，还对日后子女的成长带来不良的影响，增强了女性心理上的不安全感。

调查结果反映了一个十分重要的现实：30%的被访问者正在或曾经遭受来自另一半的某种类型的暴力。调查所得的数据与1998年世界卫生组织的暴力指标中指出的30%的处于恋爱时期的大学生遭受暴力的数据相符合。

二、对学术领域工作女性的调查分析

格蕾迪亚加博士等人指出对于高等教育机构中学术职业的分析应该包括工作、组织和象征这三个层面。根据她在2004年提出的观点，我们开展了关于对学术领域中女性工作者的调查分析活动。工作层面指的是管理学术工作者工作关系的原则，例如收入标准、晋升空间，以及工作时间的分配情况。而组织层面主要指的是高校教师所属的部门或机构，以及她们应承担的主要职能，例如教学、学术研究。除此之外，还包括教师与教师之间、教师与校领导之间的互动模式以及教职工参与学校决策。象征层面反映的则是学校的信仰和价值，其中包括教职工在工作中的奖励和惩罚。根据2004年格蕾迪亚加博士等人所指出的，上述三个层面简要阐述了学校教师互动和发展的空间，同时也能在教育职业中某种程度上产生重要的导向作用。

根据调查结果显示，塔毛利帕斯州自治大学的女性所处空间与代表性存在很大的差距，从事学术研究的绝大部分为男性（见表2）。增强认同感、加强凝聚力的过程是在以男性价值观为主导的前提下推进的。

表2 我校全职教师总人数与其最高受教育程度

全职教师	博士	硕士	特定研究领域	本科	其他	总计
女性	67	269	5	26	4	371
男性	174	372	38	105	6	695
总计	241	641	43	131	10	1066

注：数据为学校内部资料。

从我校教职工工作层面来看，女性只占全体人数的34.8%，同时在校活动参与度较低。尽管男性继续占有绝大部分的全职职位，但从1992年到2007年，全职女教师的比例有了显著的5%的提高，这一比例超过了国家平均增长水平。

除此之外，男性比女性拥有更高层次的职务。这表现为：在全职女教师中仅有28%的人拥有博士学位，42%的人拥有硕士学位。而在拥有学士学位的193名全职教师当中，女性仅占总数的20%。硕士学位女教师比例最高的现象主要得益于她们的恒心与毅力，而非能力与资格。

表3 女性在学术机构中的参与统计

学术机构		男性	女性	总计
运作成熟的学术机构	成员	36	11	47
	合作者	35	22	57
正在建设中的学术机构	成员	27	22	49
	合作者	58	56	114
初期形成的学术机构	成员	25	31	56
	合作者	42	59	101
	总计	224	201	424

注：数据为学校内部资料。

如表3所示，女性在教师改善计划（简称PROMEP[①]）的学术机构（简称为CA）中的参与度稍低于男性，原因在于在学术机构工作的全职教师中，女性占总人数的47.1%。

表4　学术机构中女性领导的参与统计

学术机构	女性	男性	总计
运作成熟的学术机构	1	10	11
正在巩固中的学术机构	7	6	13
初期形成的学术机构	6	8	14

注：数据为学校内部资料。

如表4所示，我们可以看到：女性在运作成熟的学术机构中的参与度很低，11位领导者中只有一名女性。但是，在正在建设中的和初期形成的学术机构中，女性领导者分别占54%和43%。

表5　全职女教师在学术领域的参与统计

学术领域	女性	男性	总计
农业科学	24	123	147
健康科学	103	96	199
自然科学	17	42	59
社会管理学	118	225	343
工程技术学	28	116	144
人文艺术教育	81	93	174
总计	371	695	1066

注：数据为学校内部资料。

从全职女教师学术领域的分配的角度来看(见表5)，结合表4可知，在男性占绝对优势的领域中，女性远远少于男性，这些领域包

① 教师改善计划，全名Programa de Mejoramiento del Profesorado，是一项战略性项目，旨在提高高等教育机构教师的能力。

括农业科学、自然科学和工程技术学，女性分别占总人数的16%、28%和19%。另外，值得提出的是有部分学术领域（如电子学）没有全职女教师。

表6 学院领导层和主要岗位的女性统计

	男性	女性	总计
学校与学院的领导层	20 (77%)	6 (23%)	26 (100%)
主要岗位（包括校长）	9 (90%)	1 (10%)	10 (100%)

注：数据为学校内部资料。

从表6可以看出，各学院领导层、学校主要岗位（秘书处和领导层）的女性人数非常少。其中，各学院领导层只有6位女性（占总人数的23%），仅1位女性在学校主要岗位任职。

为使调查的抽象层面能够与塔毛利帕斯州自治大学的具体情况相结合，我们将考虑以下指标：教师改善计划（PROMEP）制订的理想个人档案的证明、归属于墨西哥国家研究系统（简称为SNI①）。这两个指标在学术领域中具有权威性，并使教师接受大学的经济奖励。其中，SNI成员获得的经济奖励最高。

三、大学政策的评估与性别主流化的成果

塔毛利帕斯州自治大学在校内规章制度的修订过程中所坚持的认真、细心的态度表明：修订过程并没有对性别的平等与公正造成影响，同时确保与维护基本权利，如不受歧视的权利、平等权以

① Sistema Nacional de Investigadores，简称为SNI，即墨西哥国家研究系统。

及宪法和国家法律中规定的相关权利。我们可以肯定地表示，我校尊重并在实践中维护上述权利。

女性构成我校学生、教师和行政人员中的重要组成部分，性别平等的政策已经落实。例如，2006年到2010年开展的塔毛利帕斯州自治大学体制发展战略计划、塔毛利帕斯州自治大学关于性别平等的承诺“我们愿意开展体制改革，努力促进推动性别平等的政策，兑现消除在当今工作环境中所有形式的性别排斥、职业性别隔离、工资待遇不平等的承诺”。

尽管我校为努力推动性别平等在体制改革上展示出决心，并开展了相应的活动，但我们的努力如同孤军奋战，而并不是以促进性别平等的正式的政策付诸行动。目前只有部分与女性主题有关的研究在独立开展中，研究主题集中在学术领域、劳动力市场和教室暴力或侵犯女性的暴力行为等。然而，在这些研究中，绝大部分为硕士论文与学士论文，在体制下发挥的影响力很小。塔毛利帕斯州自治大学尚未有促进性别平等或防止、关注暴力行为的官方材料。在校内发放的这类纸质材料主要出自非大学机构。

在学校机制强化整体项目的指导方针下，第一阶段批准执行两项特定的活动：1.创建一个特定的规范性文件以保证性别平等，特别是在人权和女性公正方面的平等权利；2.大学现状与性别平等在校园内重要性的传播与宣传。而对于规范性文件，我校实施了对学校章程的修订，并将修改意见上报给学校大会请求通过。

宣传活动由学校的三个基本团体负责：大学生、学校教师和学校行政人员。该活动的首要目标是，不论性别、宗教信仰、社会身份、种族和外貌，在校园内人人平等地享有基本人权，并要求获得应有的尊重。为此，宣传活动的力度集中在破除在学生间男女不平等的思想桎梏；而对于学校教师和行政人员，宣传活动则努力促进各职业重要性的评价和男女待遇平等。宣传活动包括张贴海报，拉横幅，在学校网站、学院广播和大学电视上播报新闻，同时我校也开设了一个专门的网站（http://www.equidad.uat.edu.mx/default.html）。活动在学校的23个学院、行政办公室、研究中心等开展，并延伸至校内各个角落。活动第一阶段在2011年8月开始，于同年12月结束，此阶段的目标是促成学校大会通过大学章程的修改。

四、塔毛利帕斯自治州大学幼儿发展计划

这项计划的特别目标是：在大学校园内为大学生的孩子提供托儿服务，使得她们在从事学习活动与学术工作的同时保证孩子能够得到照顾。这是特别针对女性的重要扶持政策。

在墨西哥的公立大学里，就读期间怀孕的女大学生数量逐渐上升。在校怀孕对这些学生构成威胁，将很可能导致她们放弃大学学业或在学习工作上有所退步，个人的社会发展和经济发展也相应地受到限制。

直接影响在校怀孕女大学生的因素是：生理和心理的健康、社会与家庭关系，这些也是直接影响她们放弃大学学业的因素，可导致生理或心理脆弱以及贫穷。

怀孕女大学生数量每年都有所变化，其中继续坚持学业的、放弃学业的或结束学业的数量也在变化。我校一直对已为人母的大学生数量进行统计。到目前为止，仅科学、教育和人文多学科学

院制定了帮助这些特殊的女学生的一套完整的标准，在学习上给予她们必要的帮助。

自25年前起，塔毛利帕斯自治大学拥有为学校工作人员和学术工作者开设的幼儿发展中心。我校的幼儿发展中心向教职员工的孩子提供启蒙教育。中心设立在校外，而且不向校内学生开放。塔帕帕里斯自治大学认为：为女性大学生提供必要的支持系统，不仅仅能够让她们继续学业，也可以保证她们在校取得更好的成绩，获得更好的学习条件，从而积极地面对母亲与学生双重身份带来的挑战。

向往并追求卓越

牙买加北加勒比大学副校长戴维斯·罗伯茨

我成长于西印度牙买加的郊区，在那里，我完成了中学学业，并在职拿到了西印度大学颁发的教学学位，这一学位证明我有资质从事教学工作。此后我在一所规模很大的职业高中任课。我22岁的时候得到这所学校校长的赏识，他推荐我做理科负责人。我觉得自己没有做好准备，但校长对我非常信任。我开始走上领导之路，在那个职位上干了三年半。

因专业发展和对学术进步的渴望，我进入了位于美国密歇根的安德鲁斯大学，主修生物，辅修化学，拿到学士学位后，于两年后获得教育学硕士学位。完成学业之后，我在1975—1980年期间在新泽西垂尼提教堂初级学院分别担任老师和校长。任职期间，我有幸得到领导和老师们的尊重和喜爱。同事中一位教育理事这样评价我的工作：她不同凡响，她很坚定，对学生期望很高，学生们很热爱她。

1981年，我回到牙买加，担任威柳登高级中学的校长。最初，学校明显缺乏纪律和道德，这让我非常忧虑。不仅如此，我还要考虑那些复杂的问题：学校债台高筑，学校建筑尚未完成，以及考试通过率极低，这样的现状该如何才能扭转？我向上帝寻求支持，我和同事、家长以及股东们召开了很多会议寻求解决问题的方法。四年半以后，我的艰苦努力得到回报，学校走向上升之路。我们从教堂获得财政支持，学校组织了很多项目，家长们也积极地贡献了自己的时间和精力，学校在学术方面进步了，道德水准显著提高。

1986年，我来到英国，担任约翰·洛巴罗学校督导，在之后的十年光阴里，我又陆续担任咨询师、教导主任、代理校长（副校长）和执行总教师。这些职位让我得以体验一个多元文化的社会，因为我有机会和来自不同民族、不同种族的人打交道，我以“来自不同民族”为座右铭。事实上我的出生地牙买加是国家与民族的大熔炉，我曾在这片土地上畅行无阻。我的工作哲学是“归并困难，力求最好”。在约翰·洛巴罗学校的十年里，差不多每一项计划都在计划时间的三分之一内就完成了。

拥有丰富的中等教育机构工作经历后，我的另一个愿望是去高等教育机构任教或任职，我期待我的下一站。在约翰·洛巴罗学校期间，我获得第二个硕士学位“科学和心理咨询硕士”。这让我有机会在1997年收到了牙买加西印度群岛北加勒比大学的工作邀请函，在那里我任职至今。一开始我出任咨询师和指导老师，1999年我被邀请任学生发展部的副主席。我仍清晰地记得，在1999年4月复活节的那天早上，在毫无准备的情况下，领导找到我：“在两个月内这个教育机构要升为大学的级别。你会被任命为学生发展部的副主席。我一直都在关注你的工作，并从你的同事和学生中得到了反馈。“我不能。”这句话滑出了我的嘴。因为在这所学校，长达九十年担任这一职位的人都是男性。校长一阵在沉默之后说：“你有几天时间考虑。”

学生发展部将来一位女性副主席的消息传得飞快。尤其是年轻男同事的反应很有趣：“我们要在她周围挂一圈铃铛。”令我震惊的是其他女性同事的反应：“真为你感到遗憾，你怎么能应付得了那个工作？”“他们找不到别人才找到你”“这是男人的工作。”“真令人吃惊他们怎么会考虑你。”那时没有一个女同事祝贺我。然而，正如拉力拉·罗加沙汗所说“我冲破了看不到的屋顶”，重要的是明确并坚定自己内心的声音。沉静下来后我下定决心担任并做好这件事情。那时我感觉女性并不思考如何冲破“看不到的屋顶”，不仅如此，还希望别人也不要冲破。我深深希望我可以努力冲破头顶的桎梏。在1999年5月17日我成为了这个教育机构九十年历史上第一位女性副主席。

经过一番深思熟虑之后，我和我的团队见面了。我自信地作了自我介绍，向他们介绍了我的学术和领导经历。我在小心翼翼地建立我的领导基础。之后我说，我就是他们希望拥有的人，我对未来很乐观，我们会快乐地一起工作。

我的下一步做法让他们很吃惊。我建议，每个部门的首要任务是做SWOT分析（优劣态势分析法）。他们的眼神里充满了疑惑——“什么意思？”我向他们解释并且给他们举例。听到解释之后，他们安静下来。我们约定，下一次我们会面的时候他们要集中分析各自部门的弱点和受到的挑战，要描述今后变革的计划。这不是普通的任务，但是在这个任务完成之后，他们很快就感觉到了进步的美好。

团队每个成员在学期末都会收到关于“工作评价”的一封信，评价包括对工作成绩、工作缺陷和改进空间，评价信会确认每个人对于团队的价值。这有助于激发他们的自信心和工作动力。

我们将印有大学理念和任务的文件分发给学生和员工。这些文件促使他们形成学校认可的价值体系和态度。性别政策也在其中。正如大学任务宣言所说，作为上帝的造就者，每个人的头脑和心灵最终属于上帝。自然，我相信大学应该给所有的学生、教职员工提供这样一个环境：他们可以学习、教课和工作，从奴役中解放出来。

学生发展部的职责范围包括大学生健康服务、大学生社团活动、学生指导和职业规划、社会发展与回报，以及校园管理。健康服务活动不仅仅是一年一度的健康周活动——包括由大学和社团组织的健康检查、讲座和十公里健康跑，健康活动奖励晚宴，学生和教职员工会因出色表现被嘉奖。我们还在大学所在的群岛上开设了多个公益健康门诊，同时与国家灾难预备局合作，开展灾难预防评估咨询，因为这些努力，大学现在可以更好地处理灾难和紧急事件。在学生活动方面，由于北加勒比大学的生源来自近30个国家，也是以宗教信仰为基础的学校，因此我们每年都会举办的多样化文化活动。在为期三天的活动里，外籍学生展示他们国家的美食、手工艺和民族服装，展示他们国家的国歌、音乐以及宗教文化。

工作服务对象和团队成员的需要都要被认真考虑。我们做了一项调查，了解学生的压力来源、压力大小以及应对策略，另一项调查则是了解员工健康和心理及其推崇的文化，了解员工工作和生活方面的问题，为员工建立解压力工作室，为促进员工进步推行更有可行性更人性化的政策。我们团队每个月会有一个放松和互动的聚会，这项活动延伸扩大到包括当地和海外的旅行。每年我们还有一个年终总结会，总结过去一年的成果，为来年做计划。团队的成长在于每一个成员的进步，我们鼓励团队成员参加当地和海外的专业会议，回来后则把学术经历分享给不能参加的人。这一方法很好地释放了员工的工作压力，增进了同事情谊和凝聚力。

团队建设与领导能力密不可分。约翰·马柯斯韦尔说过：“你不可能建立一个没有队员的伟大团队。”他建议通过两种方法造就团队的优秀成员：训练他们，或者是得到他们。换句话说，他的意思是要么把已经拥有的队员训练优秀，要么把优秀的人引入团队。

作为一个领导，我最关注的是团队建设。我相信培养部门的负责人对于团队的高效运行特别关键。为此我有意识观察团队成员，评价他们的强项和弱点。我鼓励成员对我进行评价，团队成员可以向我提出任何问题、建议和意见。我并不会因为团队成员工作优秀而感到受威胁，只要他们的作为有利于团队和个人发展。争端经常来自领导层。在我任期的几年中，领导层的争端总是想探出它丑陋的脸，但是我总能控制得住它。如果看到一些端倪，我会努力把它扼杀在摇篮中。我鼓励人们讲出他们的不同意见并找到解决方式。每一方面的意见都要听，我会努力寻求意见的一致，并尊重不一致的意见。集资对很多组织来说都是一个挑战，但在我的团队中这并非难事。我领导的团队很有力量，部门领导人利用他们具有足够吸引力的项目，获取公司的支持，这些资金和项目都被用作部门的需要。

21世纪的领导人应该扮演四种角色。第一种角色是“模范”。我在团队中努力做一个值得信任的领导人，并努力在向团队成员学习时影响他们。第二种角色是寻找道路，即谋划未来。学生发展部的使命，与北加勒比大学整体目标一致，是在中立和尊重的前提下宣扬基督教义，发展不同文化背景的学生，为每一个人准备丰富和有意义的生活。我们的愿景是凭借现代科技的使用，通过高质量的服务，对学生的精神予以尊重和培养。第三种角色是联盟。我努力把我的理想与这所教育机构的未来结合到一起，虽然偶尔有意见的碰撞，但都是为了整个“系统”好。我为寻求共识而努力，虽然这并不容易。第四种角色，整合共同的观点，优化系统。凝聚发掘共同的价值观有助于团队成长。团队内部的价值观并非是一成不变的，我将团队、团队成员和我自己都视为在成长中，我是“成长中的领导人”，这是一个成长中的团队。

研究我喜欢沉浸在学术研究中，但学生发展部的工作责任，让我必须努力在领导工作和学术之间寻求平衡。我定时散步以缓解这两者的压力。我也在工作之余休息一下，我喜欢旅行。这些生活的调剂让我精力充沛，并能保持职业上的“新鲜感”。除了学生发展部副主席的工作外，我每学期都志愿从事教学工作。教学工作的主要范围是心理咨询，这与我在学生发展部的工作是息息相关、相得益彰的。

我经常问自己：“我是一个有效率和有领导能力的领导者吗？”“我怎样才能更有效率？”“被我领导的人有什么想法？”“首席执行领导和政府委员会怎样看待我？”近期我被一个国际组织提名为学生管理咨询专家，这需要大学的股东证明我的资质。我有机会看到他们是如何评价我的，简单列举如下：

1.阿文瑞·汤伯森女士（大学教务主任）

戴维斯·罗伯茨博士对于每一个和她一起工作的人都是一种激励，这包括工作能力和与学生相处。她做事很投入，对我们的期望很高，但她足够宽容，笃信应该给别人“第二次机会”。她领导的工作忙碌密集，但会抓住每月一次的社交机会来放松和释放压力。

2.博沃丽·亨瑞女士（学生工作与职业规划部指导老师）

罗伯茨博士引入了重大事故处理系统（CIM），这个系统成型后被政府用作纪念在1907年摧毁首都大部分地区的大地震。她定期召开教职员工发展会议，鼓励部门所有员工参加每月一次的社交互动。她还鼓励教职员工参加国内外学术交流、学术提升训练和在职培育。她定期进行行为评估，激励正确行为，纠正偏颇行为。她善于任命部门领导者，这些人有远见卓识并愿意与师生合作。她在心理咨询和心理训练领域的成就她的思考和决定有很大帮助。

3.赫伯特·汤普森博士（NCU校长）

戴维斯·罗伯茨已为基督教育领域做了41年的贡献，其中有十年为北加勒比大学服务。作为这所大学的管理人，她总是朝着教育的更高目标而努力，她勤奋工作以提升大学水准。戴维斯·罗伯茨博士履行的职责令人信任，她对我们学校重要领域的贡献得到了广泛认可。

作为一个有多年丰富的中学和高等教育经验的咨询帅和教育者，戴维斯·罗伯茨博士的服务能力和精神值得赞赏。她的专业教学精神，对基督教的热爱，严谨的作风，为她赢得学生和同事们的赞赏。她在教学方面的丰富经验，与她多年作为管理者、教育者和咨询者的经验结合起来，为她的成功奠定了坚实基础。因此，我毫无保留地推荐她，她有备而来、充满激情、全身心投入，是合适的人选。

4.帕垂克·艾伦博士（大学委员会主席）

我和格罗亚·罗伯茨博士有27年私交。罗伯茨博士是一个投入教育领域工作、信仰基督教的杰出领导者。她在中学及高等教育机构担任领导时，个人的行为和表现都极其出色。当罗伯茨博士接到一项新任务后就会非常投入，并积极达成目标。她的工作成果就是对于她的证明，她所做的都不是平庸的事，并且，因为她的工作，她也得到不断提升。

这就是我的故事，我的故事还在继续。

教师、学生和教学条件：校长的三大职责领域

比得哥熙音乐学院校长玛丽亚·穆拉夫斯卡

李洁/译

比得哥熙音乐学院是波兰八所高等音乐学院之一，我分别于2005—2008年、2008—2012年两次担任这所音乐学院的校长。波兰高等音乐学院在对待师生关系方面比较独特，培养这种独特的关系需要学院的管理者在办学上专注而富于远见。对于校长而言，一方面，需要聘请出众的艺术家作为教学人员，以供学生效仿；另一方面，需要建立有效的招生机制，使最有音乐天赋的人成为这里的学生。这样，学校才更具有竞争力。

第一个任期（2005—2008年）。

这一任期中，作为校长，我的主要职责之一是雇用我校最有才

华的毕业生担任助教或助理，并促进年轻职员得到晋升。职员的升职和新人员的雇用都需要提供详尽的规划方案，以便从学校预算中获得足够的资金支持。而拟订这样一个详尽的计划，是一个繁琐的过程。在这一过程中，我自己在整体规划方面的能力得以逐步提高，同时也能较好地预测学院未来的发展需求。

与此同时，好的招生机制，是保证学校良好运行的另一个重要方面。近年来，艺术院校之间的竞争日益加剧，这使得我不得不把更多的注意力放到向国内及国外推广我校。在当地，推广的形式之一是所谓的“开放日”，它有两种运作方式：学院内开设公开课，吸引公民参加；在初级学校开设课程，大部分生源在进入我校之前都需要先在这类初级学校学习。国外推广方面，我努力安排出国访问，扩展新的专业和艺术圈，从而推广学院的成就。这使我校与一些欧洲学校建立了密切的合作。在完成这项任务时，我受到了校友Rafal Blechacz的极大帮助，他是教授K. Popowa-Zydron的学生，2005年在华沙举办的肖邦国际钢琴比赛中获得第一名。

在首个任期中，我对于创造充足的教学条件、改善音乐设备给予特别的重视，因为前者是授课的地方，后者是保证课堂质量的重要前提。为了达到以上目标，除了由财政部批准的财政预算，我尝试通过其他来源获得必要的资金支持，这就意味着我要争取被纳入欧盟的资助计划和项目中。

第二个任期（2008—2012年）。

我是2008—2012年校长一职的唯一候选人，学校又一次委托我担任这个职位。我为学校的发展制定了双重框架：短期规划（2008年到2012年）和以建立一所大学为首要目标的长期规划（20

年或大约四届的管理组织）。我考虑了波兰高等教育的主要导向，即学院期待转变为大学，以及提高博士教育的重要性。在长期规划中，我面临以下任务：筹划在新的部门开始教学，以及为配合新的专业教学而招聘高素质的教师。

在短期规划中，主要是开设指挥学院，以及在现有专业中开展博士后教育。为了实现以上目标，需要改革学院的某些运作机制。1999年发起于欧洲的“博洛尼亚进程”，其目的是巩固欧洲高等教育体系，学术教育的首要目的是根据劳动力市场的需求培养相应的毕业生，使他们获得一定的求职能力，而不仅是学习知识本身。我校的新教学大纲便注重将教学与就业紧密结合起来。

由于波兰人口不断减少，引进一些措施维持我校的招生目标十分重要。有效的招生与学校的推广相关。我选择了一些解决方案，通过这些方案来增加录取有才华年轻人的机会：1.通过访问活动，加强交流，促进与中学一级音乐学校的合作。2.我校的管理组织人员同中学一级音乐学校的校长们召开会议。3.给所有专业的候选人提供预科课程。4.将可能成为我校学生的人组成班级，在我院学习。5.努力吸引外国留学生——特别是来自中国的留学生。

为了加强学院在教育市场上的竞争力，我努力通过以下方式提高教育质量：1.扩展教育服务，开设早期音乐课程、开设能满足表演系学生日益增加的兴趣的现代音乐课程，以及为使毕业生多才多艺而开设的必要课程。2.开展新的硕士研究生教育。3.增加师资。

在我担任校长期间，我校学生数量较以往有明显增加；其他显著的成效还包括因聘用了杰出的教师而提高了教学质量，扩展了教学服务。

另一个需要解决的关键问题是改善学校的教学设施。我努力从欧盟获得财政支持，用来实现学校的现代化，并在城市中心建设这些设施（它们已在2012年启用）。现代化的宿舍为比得哥熙以及库亚维－波美拉尼亚省以外的年轻艺术家提供了良好的住宿条件。

在我第二个任期期间，我同一起工作的副校长们和学院院长们组成了一个富有创造力的团队。我们之间的合作卓有成效且十分和谐。

作为一名女校长，我感受到来自学术界的善意和友谊，这使我得以顺利地开展工作。我尝试把校长的职责与作为一个钢琴家和钢琴教师的艺术活动结合起来。在过去几年的任期里，我没有限制公开演出的数量，学生的数量也增加了。但时间的压力影响着我的家庭生活，这就是为什么我更加珍惜与亲密的家人和朋友在一起的时光。

在波兰的公立大学，校长只可连任两届。于是，在新的一届，即2012—2016年，我被任命为副校长，主要负责学校的组织、学习以及国际合作事宜。

为可持续发展创立环保意识：大学所扮演的角色

哈瓦那大学副校长克里斯蒂娜·迪亚斯·洛佩兹

在古巴政府专注多年的“文化教育发展规划”框架中，环境主题和可持续发展始终占据着重要地位；为贯彻落实环境政策而进行院校建设，是将环境问题纳入国家发展进程的必然措施。作为这个建设项目的一部分，1992年《古巴共和国宪法》第27条这样表述：国家保护环境和自然资源，重视它们与经济社会可持续发展间的密切联系，我们这样做是为了使人类生活更加科学，并确保当代及子孙后代的生存、福利与安全。

一、古巴环境教育战略与高等教育

1994年古巴“科技与环境部”成立，并在1997年通过了“国家环境战略”和“国家环境教育战略”，后者是一份纲领性文件，体现了古巴环保意识的发展。作为达到可持续发展目标的前提，古巴高等教育在其中具有关键性的主导作用。

古巴共和国高等教育部于1976年成立，其下属的一些高校，不乏历史悠久的院校，如1782年建校的哈瓦那大学、1947年建立的东部大学、1952年成立的拉斯维亚斯中央大学，其余高校则是在这之后逐渐建立的。就哈瓦那大学而言，最近几年各类本科生人数浮动于17000至20000人之间，这些学生都接受了环境课程的教育和培养。此外，在一些非正式的环境主题活动及其他由大学生联盟（FEU）推进的活动中，我们的学生也得到了成长和锻炼。

在研究生活动方面，将环境主题纳入古巴硕士教育的进程仍在推进。大学的目标之一就是使学生形成环保价值观。这项举措被列入最近实施的“百余社区项目”中，其中大部分项目是与省级和国家级组织机构共同完成的。这些都归功于各高校在社区工作中的积极带头作用，他们成功地促进了项目的有效实施和开展。

近年来，古巴科学院颁发的奖项都由高教部获得，其中与自然人文环境相关的项目的获奖数量一直在持续增长中。

尽管取得了一些成果，但在高校中，仍然存在一系列共同的问题，其中最主要的有：1.环保教育局限于学生、教师和一般工作人员。2.领导人员在环保领域掌控不足。3.在高等教育机构影响下的社区工作者，其环境管理培训的影响力有限。4.大多数高校物质条件不足。

古巴高等教育面临一项极大的挑战，就是如何制定策略，从而通过教育培养出具有坚定环保意识的专业人员，并使他们能够在最广泛的和历史性的层面上来认识环境问题。同时，高校应与社区、政府主管部门和企事业单位进行互动，使这种战略延伸至社会各界，并最大限度地向实现可持续发展迈进。

二、将环保主题纳入高等教育

哈瓦那大学重视在学生、老师以及工作人员中宣传环保意识，并将其与大学活动相结合，最终实现有利于社会和经济可持续发展的政治意愿，从而在此基础上组建环境研究中心。环境研究中心的宗旨是“提供一个表达、交流的平台，鼓励跨学科探讨，并以培养大学校内外的环保意识为主题，发挥环保意识和科学调查的学术职能”。它的主要特征是跨学科、自主参与、校内外交流合作、具有引导性及协调性。环境研究中心由一个六人行政小组和一个学院总部组成。总部是由各个系（包括化学、生物、地理、社会交际、心理、哲学、法学、数学等）和研究中心的代表组成。

研究中心以计划方式引导，它的首要任务是制订活动计划，推进各个组织成员间的沟通与交流。研究中心的主要职能是推动旨在宣传环保意识的科学调查研究。实现这一职能，需要大学与国内外其他相关学院共同合作，使有效促进环保意识变为可能。因此，为了推动环境研究中心提出的战略，应对环境问题多样性的新思维方式，以及选择新的组织形式等都势在必行：加强各个小组成员间的合作；消除不同科学领域的分歧；促进不同领域的学术交流，等等。这些都将涉及解决环境方面的复杂。

研究中心战略计划的主体部分由以下几部分组成：

1.强调道德因素在解决环境问题中的重要性

2.本科生教育

继续坚持各个学科的计划，不主张制订新的计划。只在个别为了刺激学生自觉性的情况下可适当增加一些新的科目。在更多的学科中增加对环境问题的考核。

给学生提供一系列的环境教育活动，包含阅读活动、调查活动及其他。

设计一些有自主性的活动，以便大学生更好地理解问题学会并在小组交流中自主解决。

3.研究生教育

以跨学科为中心，组织相应的研究生教育。为了检验在研究生期间学到的知识，更好地理解战略，研究生需要有一些实际活动中的范例，并取得成果。

为实现上述战略计划，相关的活动包括：

1.本科生

综合各个系在环境领域的教育战略，以此推进各个领域环保政策的宣传。

制定各个系、研究中心和其他机构的环保战略，以保持师生学术活动的一贯性和完整性，并确保大学活动以环境问题为中心。

大学活动项目的存在，旨在将环境的概念贯彻落实到每个大学组织的链条当中。

由学院中心起草的价值观教育计划，旨在进一步深化师生对于环境问题的重视，以及用道德的视角和态度来看待这一问题。

设立选修科目，例如环境社会学、环境法学、生物多样性学、交流与环境学，等等。

在大学建立环境道德研究委员会，将其作为环境道德和环境问题的研究中心和分析探讨场所。

2.研究生

开设沿海地区一体化管理专业。该专业具备跨学科及综合性的特点，主要研究与上述地区相关的环境问题或者类似问题。

开设环境与发展专业。该专业具备与上一专业相同的核心特点。

开设人口、环境与当地发展领域的专业。

开设研究加勒比地区的专业。该专业致力于研究加勒比地区的气候变化、人口以及环境。

设计并实施针对普通公务员及哈瓦那各级行政领导人关于自然环境的资格认证项目。该项目力图促进政府优化工作职能以及进行高效的环境治理，并达到可持续发展的目标。该项目包括一个研究生学业进修，毕业后有公共管理部门所提供的毕业认证，以及政府管理认证。

构思起草《城市管理及其环保战略：需求与责任》等文件。

另外还包括：

哈瓦那大学开设针对行政管理和城市公共服务部门工作人员的课程。

实施“相信希望”计划。比如，在哈瓦那海湾流域建立8所学校。

针对儿童和青少年的三项教学游戏设计：“回收再利用”、“森林朋友”和“拯救海湾”。

创建大学本部的环境大讲堂。

巩固与国家机构，特别是与环保机构的联盟。

提高国际环境计划的参与度。

哈瓦那大学化学系开展了具有多重战略意义的特殊活动，内容如下：1.在专业最后一学年引入环境化学这一科目，旨在深化学生在保护和防治环境污染问题方面所起的作用，并使其能够与专业技能相结合。2.逐步开展处理实验室产生的残余物的实践活动。轮流研究有关含剧毒或较危险的化学试剂的替代物，这项工作全部由学生自主完成。3.在每年举办的学生科学日，创立环境化学课目。环境化学这一科目在培养学生方面的经验是极具实践性的，学生们已能够制作、展示和辩论有关加勒比地区，特别是像古巴这种小的岛国如何面对由于气候变化所带来的挑战等课题。2012—2013学年，两组着手研究大气污染主题内气候变化问题的学生脱颖而出，并在2012年12月哈瓦那大学举办的加勒比地区研究讲堂的大会上展示了他们的研究成果。

三、小结

在可持续发展问题的挑战下，大学所扮演的角色更要致力于培养具有文化素养和社会实践能力的人才。环境问题的焦点不在于哪一件具体的社会活动，而在于将环境和对其本身的尊重构建为一种价值、一种行为标准和一种人格特性。只有这样，我们才能应对发展所带来的环境问题。像哈瓦那大学着手进行的活动，是在实践其对社会的责任承诺，通过对有资格、有能力创造新型知识人才的培养，促成一场真正的社会环保运动。

平和之心　坚忍之质

——记坦佩雷大学校长薇兰托拉

王　琴

2004年4月，克里斯塔·薇兰托拉在坦佩雷大学校长竞选中高票当选，被芬兰总统任命为坦佩雷大学历史上第一位女校长。2009年，从校长任上卸任之后，薇兰托拉开始担任坦佩雷大学的董事长。她有着独特的温柔情怀和坚忍意志，也和中国有着丰富的交流联系。

一、薇兰托拉的童年

1946年8月，在芬兰西海岸的海滨城市波里，药剂师威霍和妻子瑟卡夫妇迎来了她们生命中第一个孩子。这是一个可爱的小女孩，他们给她取名为Krista。这小女孩就是后来的克瑞斯塔·薇兰托拉。

从薇兰托拉懂事开始，她的祖辈中只有一位疼爱她的姥姥。姥姥一直和薇兰托拉一家生活在一起。妈妈和爸爸都要工作，没有时间照顾她。所以小时候的薇兰托拉很长一段时间都由姥姥照顾，姥姥对她无微不至的照顾使得她的童年充满温暖的爱。用薇兰托拉的话说：我姥姥很宠爱我，她恨不得什么都帮我做好。那是战后恢复期，社会环境和经济状况都不是太好，姥姥一边做一些缝纫的工作，一边照顾薇兰托拉。1977年，姥姥去世。当时，薇兰托拉已经是两个孩子的妈妈。养儿方知父母恩，初为人母的薇兰托拉越发能够体味当年姥姥对她的关爱。她说：姥姥辞世之后，我都不太愿意回忆那段童年，那是我和姥姥一起分享和度过的甜蜜时光。

薇兰托拉的父亲威霍早年在图尔库一所医科学校学习制药学专业，并获得了硕士学位。之后回到波里，成为一名药剂师。他一生都在这一领域从事工作。自己开办了药店，事业做得有声有色。作为药剂师的父亲性格沉稳，有耐心，没有太多的话，是开朗宽容的好男人。薇兰托拉很大程度上遗传了父亲的性格。然而，对薇兰托拉人生道路影响最大的莫过于母亲，薇兰托拉的成功也许可以从她母亲的身上找到一些遗传的因子。

薇兰托拉的母亲瑟卡毕业于波里当地的一所著名的女校。这所学校历史悠久，教育严格。后来，薇兰托拉也上了这所女校。瑟卡没有进入大学学习，一直是她人生中的遗憾，她心中一直希望有机会接受高等教育。在生育和抚养了两个女儿之后，瑟卡希望重新学习的愿望越来越强烈。她和丈夫商量了很久，觉得年复一年的工作和家庭劳作已经让自己磨灭了梦想。她希望作出改变，希望自己的生活有一个新的路径和起点。

1956年，在薇兰托拉10岁那年，母亲瑟卡终于如愿以偿考入了图尔库大学，专业是语言学。后来薇兰托拉也在图尔库大学的同一专业学习。因为母亲的专业兴趣在很大程度上影响了她的选择。母女的人生经历在某种意义上也是一脉相承的。在瑟卡那一代，女性接受高等教育还不是很普遍。她一边学习，一边还努力照顾好家庭，以优秀的成绩顺利地拿到了毕业证，获得了硕士学位。1961年，瑟卡成为一名中学语文老师，在家乡波里一所中学任教。三年后瑟卡随丈夫一起离开波里，在当地一家商业专科学校当老师。她从一个普通的教师，逐渐进入学校的管理层。50岁的时候，瑟卡成为这所商业专科学院的校长。这是瑟卡人生中最闪亮的阶段之一，她掌舵一方，为整个学校的发展操心奔忙。此后10年，她一直担任这所学校的校长。赢得了老师和学生的爱戴和尊重，也在学校树立了很高的威信。

薇兰托拉和母亲的人生轨迹有太多的相似之处。她们上了同一所中学，同一所大学，学了同样的语言专业，毕业之后都选择当老师。然后多年的教育历练，成了两代女校长。这样惊人的相似，让旁人看来，会感叹人生的路原来冥冥中都有注定的主线。薇兰托拉后来回忆，母亲其实并没有在老师和校长的职业发展中给她很多的指导。母亲只是一直默默努力，做成那个最好的自己，以此来成为女儿的人生榜样。来自母亲的一切的影响似乎都是默默的，润物无声，但又是那样巨大和深刻。薇兰托拉说："我想，那种影响可能是存在于基因中。我可以很自然地感受到。"

二、教育改变人生

像很多卓越女性一样，薇兰托拉认为教育改变了她的人生。战后的芬兰教育还是以女校、男校分开教育为主。直到20世纪60年代还有很多专门的女校和男校。但这些学校后来都成为男女混合学校，这是芬兰推行综合学校的办学改革之后的结果。目前芬兰已经没有专门的女校和男校了。中学时期，薇兰托拉和妹妹都是在波里的一所9年制女校中度过的。这儿也曾经是她母亲的母校。这所学校是波里最好的学校之一。

上大学在薇兰托拉的家里是天经地义的事，从来没有准质疑过。就像她们必然要长大一样，父母始终把女儿要接受完整的教育、最好的教育放到第一位来考虑。而和她们同时代的很多同学，选择了直接上技术学校，希望尽快走上工作道路。薇兰托拉回忆，和她同期毕业的女校同学，大概有一半的同学升入大学继续深造；还有一些同学则进入职业技术学校学习，以不同的形式接受了其他更职业化的高等教育；也有一些同学选择直接开始工作。

薇兰托拉说：我们对父母的安排从来不问为什么。对于要不要上大学等从来没有疑问，因为这就是我们人生的必经之路，这是父母对我们的期望，也是父母走过的一条路。

但是，在专业选择上，薇兰托拉父母完全尊重孩子们的意见，只是这个“自己的意见”包含着父母无形的影响。薇兰托拉毫不犹豫地选择了英语，是来自于母亲的影响，而薇兰托拉妹妹选择学医，则是父亲的耳濡目染。

三、婚后幸福的家庭

中学时代，薇兰托拉遇到了自己的初恋男友荷克，这个男孩后来成为她的丈夫。当时，荷克在波里的一所男校读书，和薇兰托拉就读的女校相距不远。当时，男校和女校都会举办一些开放性的舞会和联谊活动。邀请周围学校的学生来参加。薇兰托拉和荷克两人，正是在一次学校举办的舞会中相识。在那次的舞会上，荷克穿过人群走过来，邀请薇兰托拉共舞一曲。后来荷克说：因为薇兰托拉那双明亮的眼睛，让他怦然心动。这次相识的记忆是十分美好的。那一年，他们都是16岁。波里的中学生涯一直是她心中最美的青春的记忆。

薇兰托拉1965年进入图尔库大学学习语言学。她的主修专业是英语，辅修专业是语音学、语言学和瑞典语。当时，荷克在赫尔辛基理工大学学习，大学期间这对恋人一直分开在两个城市。1968年，薇兰托拉在图尔库大学完成了本科学习，她和相恋多年的荷克举行了婚礼，人生进入了一个新的阶段。两人一起在赫尔辛基租住了一间小公寓，开始了甜蜜的婚姻生活。就这样生儿育女，牵手了几十年。薇兰托拉认为，夫妻角色就是要互相分担家庭的责任。在家庭生活方面，荷克为之付出更多，尤其是薇兰托拉到坦佩雷大学工作之后。他们两地分居，薇兰托拉只有周末才能回到图尔库的家中。薇兰托拉和荷克都认为家庭是最重要的生活内容，薇兰托拉回忆“我们都觉得和孩子相处很开心，是生活中很重要的幸福感受”。

荷克是个性格开朗的人，对薇兰托拉总是很包容，一直是薇兰托拉的坚定支持者。对于薇兰托拉的工作，荷克一直是行动上的支持，很少有言语上的评论。他对妻子是全然的信任，很少因为她的工作繁忙而抱怨。只是有时当薇兰托拉很疲惫、很累的时候，丈夫会劝慰她不要这样辛苦。在薇兰托拉看来，作为工程师的荷克很有艺术和人文气质。荷克很喜欢音乐，会弹奏多种乐器。薇兰托拉每次感到疲惫时，最喜欢的放松方式，就是坐在家中的沙发上，静静地听丈夫弹琴。她觉得那些美妙的音乐会让她的心感到宁静和安稳。

薇兰托拉是个幸福的妈妈，有一双儿女。关于孩子的教育，薇兰托拉鼓励他们选择自己喜欢的专业，做自己喜欢的工作，去过自己喜欢的生活。薇兰托拉的儿子威勒是一位飞行员，这是他从小的梦想。薇兰托拉的女儿瓦波爱好很广泛，喜欢语言、音乐和数学，和薇兰托拉一样就读图尔库大学，在经济学院学习，毕业后也是遵从自己的心愿工作和生活。

过自己想要的生活，这是每个人的梦想，也是薇兰托拉的“家族基因”。

四、丰富的教育生涯

薇兰托拉结婚之后，也继续了自己的求学生涯。婚后的她继续在图尔库大学读研究生，并在1969年拿到文学硕士学位。毕业之后，她在图尔库的一所技术学院担任了一年的英语老师。之后，又到赫尔辛基附近的中学担任英语教师。当时荷克从赫尔辛基理工大学毕业后一直在赫尔辛基一家通信公司工作。

后来薇兰托拉意识到，她的人生不能停留在中学教学生涯，她希望到更大的平台上工作。于是1971年又回到图尔库，在图尔库语言研究所担任讲师。图尔库语言研究所主要培养翻译人才，学制为两年，后来改为三年。在语言研究所的日子，快乐而平静，薇兰托拉一边教书，一边在语言研究领域做一些研究和翻译工作。1981年，语言研究所被合并到图尔库大学中，开始提供完整的大学课程，包括学士、硕士、博士阶段的所有学习课程。在此期间，薇兰托拉觉得自己应该利用在图尔库大学的机会继续攻读博士学位。

薇兰托拉在图尔库大学担任讲师时，她的母亲开始担任商业学校的校长。作为一位校长的女儿，那时的她并没有想过自己也要成为一位校长。薇兰托拉和母亲在不同的地方居住，各自为事业奔忙，见面交流的时间并不多。薇兰托拉在系里担任老师，只是按部就班地完成教学任务和系里的领导交代的事情。“很长的时间里，我只是一个教师。而且我很喜欢这种做一个年轻教师的角色。从没有想过要成为我家里的第二个校长。”

为什么会在生育两个小孩之后，选择重新回到学校上博士课程？薇兰托拉回想起来，这好像是一个自然而然的结果，也是她一直期望中的改变。当时女儿5岁，儿子4岁，都开始上幼儿园了，一切开始稳定后，薇兰托拉开始设想未来，思考自己到底想要做什么。回到学校去读学位的念头越来越强烈。于是，薇兰托拉申请了博士学位的课程，开始继续攻读博士，这意味着她必须在工作、学习、生活三者之间作出平衡。在赶着写毕业论文的那个暑假，只能在周末抽出一天时间陪伴孩子。薇兰托拉说：那段时间我煎熬的情绪和每天忙碌的状态还是给孩子们的心里留下了一丝阴影。那时候，为了学习经常要去学校，晚上9点多才回来。博士毕业以后，有一回因为加班需要晚上去学校，我儿子马上看着我，很忧心地说：“妈妈，不要再读博士了！”，我马上安慰他说：“是的，儿子，不用担心，一个博士已经够了！”

在获得博士学位之后，薇兰托拉回到系里，不久以后，工作有了新的变化。薇兰托拉开始走向管理岗位，担任图尔库大学语言系的系主任。担任管理职位并不是薇兰托拉对自己职业生涯的规划，甚至不是她意料中的事。当时系里的领导找她谈话，说：我们需要一个人来担任管理岗位，觉得你最合适，这是你的责任。当时语言系里有30人，是个中等规模的学院。之前的系主任是一位俄语教授。但突然应聘到别的学校任职了，系主任的位置就空出来了。学校方面考虑的是需要挑从系里选一位有一定工作经验、具有博士学位的人来接替系主任的位置。薇兰托拉在当时是系里唯一符合这个条件的老师。

薇兰托拉觉得走上管理岗位是一个偶然的机会。但是她也觉得自己其实在很多方面也是比较适合做这份工作的。薇兰托拉说：我的优势是不会太计较得失，和周围的人相处愉快。回想起来，薇兰托拉一步一步走向管理层，其实就是多了一些准备，多了一些信心，然后在合适的时候，遇到了一个合适的机会。薇兰托拉在总结自己的管理经验时指出，管理团队最重要的事情是要做好平衡，要学会倾听不同人的声音。她所在语言系有教不同语种的老师，其个人经历和文化背景也多有不同。不同老师之间，不同团队之间、难免会有利益不一致的时候，作为管理者，要充分调动每个人的积极性，努力权衡利益，协调关系。担任系主任的经历给她后来的管理之路打下了基础。

五、坦佩雷大学之路

1989年，坦佩雷大学给薇兰托拉提供了一个教授职位，担任语言和翻译研究学院英文教授。权衡再三后，薇兰托拉选择离开图尔库大学，到坦佩雷大学任职。作出这个决定很艰难，因为在图尔库生活多年，他们已经有了安定的家，丈夫的工作，孩子的学校都在图尔库稳定了下来。孩子们已经上中学了，十几岁的少年少女，他们在图尔库有自己的朋友，有非常熟悉的生活环境。孩子们不想离开。幸好薇兰托拉的父母都住在图尔库，可以帮她照顾两个孩子。

薇兰托拉选择去坦佩雷工作，但是全家不能和她一起举家搬迁。经过长时间的讨论，全家商量的结果是，丈夫和孩子留在图尔库，薇兰托拉自己去坦佩雷工作。这意味着，从那时起，全家将分居两地。所幸坦佩雷和图尔库相距不远，乘火车差不多2小时的车程，薇兰托拉不能每天回家了，工作日的时候都在坦佩雷，到了周末和假期，才能回到图尔库和家人团聚。于是，坦佩雷成为薇兰托拉的第二个家。在坦佩雷，薇兰托拉给自己买了一间很小的一居室公寓。这间公寓离坦佩雷大学非常近，从家步行到学校只需要10分钟时间。这段10分钟的距离是薇兰托拉从公寓到办公室的距离，也是她的生活和职业的距离。

薇兰托拉的家庭生活是由一个个的周末和假期组成的。每个周末和假期，她都会回图尔库陪伴家人，享受难得的闲暇时光。

而更大部分的时间，她则留给了工作。二十多年来，这样两地分居的日子让薇兰托拉承受了很多常人不能理解的辛苦和压力。刚到坦佩雷的那几年，儿女才刚刚上中学。平日每天都在家的妈妈去外地工作了，周末才能回家，两个孩子有很多的不舍和抱怨，他们玩笑地称妈妈为“周末妈妈”。周末妈妈当然不是孩子眼中完整的妈妈。薇兰托拉只好尽量在周末多陪孩子，珍惜和孩子在一起的每一分每一秒。这样一天天过去，居然时间一晃就是二十多年。两个孩子已经长大，工作，成家。儿女的家都在赫尔辛基地区。薇兰托拉依然是周末回家，这样的生活已经成为薇兰托拉的生活常态。

刚到坦佩雷时，薇兰托拉担任现代语言和翻译研究学院教授。她说：我很喜欢单纯做个老师的角色，上课，做研究，都是我喜欢的事情。现在我可以安心地教书做学问了。因为不需要承担什么行政工作。但是，薇兰托拉单纯的教师生涯并没有持续太久。

1991年，薇兰托拉开始在坦佩雷大学担任行政职务。先担任坦佩雷大学的现代语言和翻译研究学院副院长，1995年担任人文学院院长。她说：有时候是人的经历决定了自己的路。在坦佩雷，我也没能“逃避”行政工作太长时间。

其实，一般的老师并不是很希望进入管理岗位，因为大家认为这种职位压力太大，需要处理各种琐碎的事务，平衡各种复杂的关系。但是因为薇兰托拉之前在图尔库大学多年的管理经历，使得她得到大家的信任和支持。她被推举出来担任管理职务。薇兰托拉认为，担任管理职务有了更多的权力，但是也意味着承担更多的责任，需要花费更多的时间和精力。每次作出决策，她需要解释和平衡各种意见，协调各方面的力量。

1996年，薇兰托拉被任命为坦佩雷大学的副校长，在三年之间，她从第二副校长做到第一副校长。但是，有一年她竞选连任副校长失败，重新回到教授岗位，她坦然接受。薇兰托拉的性格中有种平和的坚忍。人生难免要面对起落，最重要的是以什么样的心态去面对。薇兰托拉说：对于我而言，重新回到学院担任教授，以一个教授的身份专注教学，是一件很好的事。薇兰托拉的能力和才干是有目共睹的。在学院选举院长时，全院的教师共同推选她担任院长。因为薇兰托拉的管理才能和经验得到了周围老师的信任和认可。于是，众望所归的薇兰托拉又重新出山任学院院长。2004年，薇兰托拉从院长的位置上直接参加了竞选校长，并以绝对的优势高票当选。薇兰托拉成为坦佩雷大学历史上第一位女校长。从此，在坦佩雷大学历任校长的肖像画廊中，多了一位女性的身影。在薇兰托拉之前，芬兰的21所综合性大学中还没有出现过女校长。薇兰托拉担任校长期间，芬兰全国的大学总共只有3个女校长，另外两个女校长都是职业技术学院的校长。

薇兰托拉说：我的一生都是在惯常由男性担任的位置上扮演一个女性的角色以女性的身份去突破，她曾经是图尔库大学第一个女院长，也是坦佩雷大学第一个女校长。2004年，和薇兰托拉同时参加校长竞选的也是有好几位男性候选人，但人们已经不把性别作为影响竞选的关键因素，尽管这确实是薇兰托拉和他们最显著的一个区别。

在担任校长期间，薇兰托拉被选为芬兰大学校长委员会的主席。在她担任主席职位期间，芬兰的高校系统经历了一次重要的改革，高校的法律地位发生了变化，学校拥有了更多的自主权。从法律上讲，就是高校变成了一个公共法律下的自治个体。在此之前，高校是国家机构，由国家预算支持。在这场变革中，薇兰托拉经常以高校发言人的身份出现在各种场合，芬兰的国会在进行一些法律改革的工作时，也希望听到高校的观点。最终，经过艰难的努力，这一改革在2010年年初得以实现。这次改革的经历也是薇兰托拉担任女校长时期的一段难忘的历程。面临种种纷繁复杂的情况，为推进芬兰高校法律的改革，薇兰托拉可以说经历了一段重要的艰难时光。

2009年夏天，薇兰托拉在坦佩雷大学5年的校长任期结束了。她没有继续竞选连任校长。“因为我觉得我们在高校法律改革之后需要一种改变，需要一种新的视界。整个芬兰的教育体制都在改变，坦佩雷大学也需要改变。一届任期对于我而言已经够了。我在担任芬兰大学委员会主席期间，为芬兰高等教育改革作了很多努力，我觉得这是一个好的改变。”在从校长职位退下来后，薇兰托拉被选为学校的董事长，继续5年的任期。2010年，薇兰托拉又被选举为国家伦理研究顾问委员会的主席。这个职位是她目前最为主要的一个责任。

六、管理的学问与女性领导力

在薇兰托拉看来，管理是一门充满智慧的学问。这其中需要个人性格、处世智慧等天生的悟性，也需要很多后天的实践经验的积累。薇兰托拉说，不同管理职位面临的问题和困难也是不一样的。比如，在她当系主任和学院院长的时候，面临到最多的事是处理来自各方面的抱怨，学院的老师和工作人员会就工作上的很多事情向她抱怨，陈述自己遇到的各种困难，希望她能帮助解决，很多都是具体的事务、具体的项目。薇兰托拉认为，遇到这些抱怨，这时候最重要的事就是倾听，尽量去协调和平衡好各方面的利益关系。让大家能在一个比较和谐的氛围中集中力量完成工作。

但是，到职位更高、担任校长的时候，薇兰托拉发现，周围的人只会来向你报告好消息。他们需要钱、需要资源，希望得到你的支持。作重要决定的时候，需要不同方面、不同立场的人都在一个桌上来讨论。不能只听某一方面的声音。因为每个人讲述的情况都是很不相同的。当周遭都是迎合的时候，特别需要有清醒的警惕。作为作决定的人，你必须要想方设法看到事情的真相。这个时候，你需要那些一直以来的好朋友、老朋友，那些值得信任的人，他们往往会对你说真话，你可以参考他们的意见。这些意见对于作出正确的判断和决定是十分重要的。

作为校长，另外一件很重要的事情是需要一种清醒的自我认识。在别人的吹捧和赞美中要能保持冷静的头脑，不能妄自菲薄，也不能妄自尊大。对下属的态度也很重要，尽量宽容平和地对待周围的人，不能欺骗自己，也不能欺骗别人。适当的幽默感很重要，要能开自己的玩笑。作为团队的带头人，要学会调节气氛，活跃情绪。这种时候，幽默可以成为很好的润滑剂，让大家的关系变得松弛。如何树立权威，也是担任管理职务的重要内容，薇兰托拉的办法是：要学会倾听，要尊重每个人的意见。你尊重别人，别人才会尊重你。如果总是自以为是，别人也不会尊重你。

对于女性领导力，薇兰托拉认为最重要的是要让人们认识到女性的能力。通常，人们会觉得女校长更容易相处，但是也会比较轻视女性。作为一位女性领导，可能会遇到男性挑战自己的位置和权威。你总会有男性的竞争对手，但是，没有男人会说，我挑战你，因为你是女人。

女性并不比男人更感性，但是工作中有时候也会发脾气。其实平和对于女性很重要。即使面对一些比较难的境况，也要尽量维持好的情绪。维兰托拉说：这就像是和孩子们相处，如果我说不，我需要解释理由。如果我说好，就不需要任何解释。所以在工作中也需要充分明白，详细解释理由和原因。女性成为领导的路十分艰难，需要很多的工作和努力。作为女领导，只有你做得很好，男人才会尊重你。

在芬兰现行的体制下，女性和男性基本有平等的社会条件和机会。尤其是相比于20世纪90年代的社会，女性有了越来越多的发展机会。但是男性的社会网络要比女性更成熟和完善，女性需要更多的社会支持。作为女校长，应该肩负更多的责任，鼓励并提拔年轻一代的女性。我们应当运用自身的影响力去促进、鼓舞年轻女教师不要为自身的发展晋升设限。我们还应该鼓励学生更富创造力，能够挑战他们的老师，同时帮助老师成为终身的学习者。我们需要世界范围的女大学教师网络，为了两性平等的教育权利、发展权利而奋斗。

七、薇兰托拉的中国缘

薇兰托拉对中国的了解和合作始于2004年，即薇兰托拉担任坦佩雷大学校长后，她得到一个从中国使馆转发过来的邀请，请她出席在北京召开的第二届世界大学女校长论坛。薇兰托拉说，她马上意识到这是一个很好的机会，她希望和世界各地的女校长有更多的交流，她也希望再次前往曾经有过一段旅行之缘的中国。薇兰托拉后来称，“我毫不犹豫地抓住了这个机会”。从那时起，薇兰托拉经常访问中国，基本上每年都会前往中国多次。

在女校长论坛平台上，她和来自世界各地的大学女校长一起，共同致力于促进大学之间的合作，推进女性在高等教育中的平等权利。世界范围内大学女校长的合作也是薇兰托拉最乐意去推动的一件事。作为世界大学女校长论坛的老朋友，薇兰托拉参加过第二、第三、第四届女校长论坛的活动。薇兰托拉这几年也致力于推进欧洲范围内的欧洲大学女校长的合作，欧洲大学女校长会议由伊斯坦布科技大学前校长萨格拉莫教授发起组织。薇兰托拉很得意撮合了刘继南校长和萨格拉默校长的合作，她说，正是她的牵线搭桥，使得世界大学女校长论坛和欧洲女校长会议合作，举办了2012年论坛。

世界大学女校长论坛留给了薇兰托拉很多珍贵的记忆。她回忆起第二次参加世界大学女校长论坛的2006年，当时的会议在北京、南京两地举行。所有女校长乘火车去了南京，之后还在苏州考察。那时候南广学院还是刚刚新建的学校，但是已经有了很好的基础和轮廓。她记得大家一起在南广学院种下了一片女校长林，她还在自己种下的树上挂了印有自己名字的铜牌。那一天正好赶上薇兰托拉的生日，刘继南校长还特别给她安排了一个惊喜的生日会。多次出席世界大学女校长论坛后，薇兰托拉与中国的交往越来越频繁。坦佩雷大学也与中国传媒大学及南广学院开展了多项合作。

坦佩雷大学和中国传媒大学开展持续的国际合作，主要包括教师交换和研究交流。例如瑟库教授在南京待了一年，教授芬兰语；伊瑞斯教授在中国传媒大学举办了关于性别研究的讲座；凯特教授在中国传媒大学教授研究生的专业英语。坦佩雷大学有几批来自中国传媒大学南广学院的学生，学习芬兰语。其中优秀的学生将在坦佩雷大学继续深造，攻读学位。薇兰托拉说：教师和学生交换毫无疑问是我们要重点发展的合作领域，我们将在这一领域开展更多的合作交流，接受更多的来自中国传媒大学的老师到坦佩雷大学来传播经验，并形成一种长期固定的交流机制。近年来，坦佩雷大学和中国的交往越来越密切，除了和中国传媒大学的合作，还有和复旦大学共同组织的"北欧中心"。"北欧中心"最初发起于1995年，是复旦大学和丹麦、芬兰、挪威和瑞士等14所高校的合作计划。"北欧中心"的联盟高校组成了北欧中心董事会，由北欧高校轮流担任主席，2006—2012年，薇兰托拉担任"北欧中心"董事会主席。

因为工作的缘故，薇兰托拉和中国交往很多，对中国越来越熟悉，也有了很多的中国朋友。到现在，她已经到中国20多次了，平均每年都会有一两次到中国。以前薇兰托拉去得最多的地方是美国，现在到中国的时间比到美国的时间更多。"在朋友眼里，我已经是个中国通了。"薇兰托拉很喜欢中国的丝绸，她卸任校长后，她的画像也挂上了坦佩雷大学历任校长的肖像画廊，这幅画像上薇兰托拉穿的丝绸上衣就是在北京友谊商店买的。她特别强调，这是她的中国情缘的体现。因为中国已经成为她工作和生活的一个重要的内容。

引领德国大学的转型

——记明斯特大学校长内勒斯

肖弦弈

明斯特大学是明斯特人的骄傲，其全称是“明斯特威斯特法伦威廉大学”，校名与历史上普鲁士国王威廉二世有关。明斯特大学作为一座教会学校创建于17世纪，到威廉二世的时候，跟德国其他受教会控制的大学一样，明斯特大学也开始了改革和转型。这场改革使明斯特大学摆脱了教会的束缚，教授的权威地位得到了确认，学术自由也开始成为大学的核心理念。明斯特大学从此以后快速发展起来。

明斯特是德国北莱茵–威斯特法伦州北部一座集古典建筑艺

术和田园风光于一体的美丽古城，跟鲁尔区其他小城一样，明斯特的人口也不过30万。内勒斯（Nelles）教授生于斯，长于斯，自2006年10月1日起至今担任德国明斯特大学校长。内勒斯是现任德国总理默克尔的闺蜜。她俩都有科学研究的天赋，一个是物理学博士，一个是法学博士。2006年10月1日，内勒斯当选明斯特大学校长后仅仅一个月，默克尔击败施罗德成为德国第一任女总理。2008年，内勒斯率团访问清华大学，希望加强同中国高校的合作。她还参加了由中国传媒大学发起的世界大学女校长论坛。

一、内勒斯校长的学术轨迹

内勒斯出生时，“二战”已经结束。跟很多的德国父母一样，内勒斯的父母也在反思对孩子的教育：善良和理性是“二战”后家庭教育的共识。内勒斯中学毕业之后，她没有选择离开明斯特，而是继续在这里学习。十九岁那年内勒斯开始在明斯特大学攻读法学。

在德国，法学院学生都是以第一次国家考试为毕业条件，在第一次国家考试之后，再进行一两年的实习或者再学习，参加第二次国家考试(相当于国内的司法考试)。所以，从进入法学院开始，法学专业的学生们几乎就只有一个目标，那就是通过国家考试，成为一名真正的法律家(广义的法律家包括律师、法官、法学家、法学教授等)。内勒斯花了八年时间通过了这两次国家考试，之后继续在明斯特大学攻读法学博士。1979年，内勒斯撰写了一篇有关刑事诉讼法权限的博士论文，1980年顺利通过答辩，获得了法学博士学位。

博士毕业后，内勒斯一直把大学教授作为自己的奋斗目标。在德国，博士学位只是单纯学术意义上的水平证明，一个博士毕业生要想取得在高校任教的资格，还必须参加教授资格证明的考试。十年后，她终于取得大学授课资格。其后，内勒斯在多所高校任教，以此来积累自己的教学经验。她先后在汉堡大学、荷兰大学、不来梅大学、格拉斯沃德大学和杜塞尔多夫大学任教。1994年，内勒斯如愿以偿回到了母校，在卓越的明斯特大学法学院担任教授、副院长和刑法研究中心主任。

根据2013年德国《经济周刊》对德国大学的专业排名，明斯特大学的法学在德国高校的排名位列前三甲，除了法学的特殊地位外，企业管理学也较有名气。明斯特大学的民法、经济法和刑法三个专业在全德排名都是第一，而这三个领域正好是内斯特教授所涉及的研究领域。作为一名女性法学教授，内勒斯在德国学术界的地位，可以由两个职位说明，一是德国法学学者联盟会的第一位女性主席，二是德国国际刑法学会专门顾问委员会会员。德国大学的校长有两种类型，一种是学术型校长，一种是管理型校长。两者的区别在于，学术型校长任期结束后仍做教授。管理型校长专门从事管理工作，一般不做研究。内勒斯属于典型的学术型校长。

2005年，德国联邦教育及研究部和德国科学基金会发起了一个叫做“德国大学卓越计划”的项目，旨在提高、促进德国大学科技研究和学术创新。卓越计划的资助包括三个层面：精英大学、精英研究集群、精英研究生院。2006年，内勒斯领导的明斯特大学参与了卓越计划的竞争，当时全国有100多所高校参与。经过激烈角逐，明斯特大学有两个项目被纳入精英研究集群。在德国能够进入卓越计划的大学都属于顶尖级大学。

二、力推大学收费制度改革

2006年10月1日，57岁的内勒斯正式担任明斯特大学校长，这是该校历史上第二任女性校长。第一任女性校长是心理学家玛利亚，她1990—1994年在任。内勒斯就任校长的时间点正好处于德国大学教育风起云涌的大变革期，这为内勒斯施展才华提供了极好的舞台。

内勒斯上任伊始面临的第一个棘手的问题就是关于大学收费改革。由于历史的原因，作为高福利型国家的德国，大学经费都来自州政府的财政支持，很多大学没有学费或只是象征性地收取很少的费用。但进入90年代以来，德国社会福利的支出已经远远超出国家的支付能力，财政赤字累累。大学收费的直接诱因是德国大学的学生规模不断膨胀。德国大学基本学制是10个学期，但实际上，大学生平均在校年限为6—7年。学生修业年限过长一直是德国高校的一个大问题。明斯特大学4.5万学生的规模在德国还不算多的，科隆大学就高达8万人。在大学，平均一个老师至少要负责教53个学生，这种趋势还在不断上升。由于每学期学生的人数太多，以至于教授和讲师简直都没有时间去认识他们。面对越来越多的大学生，大学的教学设施和教师队伍必须不断扩张，然而，钱从哪里来？德国高校每年的教育资金缺口高达20亿至30亿欧元。在州财政不能满足大学需求的时候，一个关于大学收费的呼声浮出水面，日渐响亮。以至于2005年德国联邦法院作出判决，认为禁止收取学费的决议与宪法精神相违背，这实际上为大学收费改革开了绿灯。

然而在教育公平的旗帜下，高校收费并非一帆风顺。2005年12月，继下萨克森州议会通过关于该州公立大学收学费的法律，成为第一个公立大学收取学费的州之后，明斯特大学所在的北威州也作出决定，从2006—2007年冬季学期开始，北威州内33所高校大学生每学期要缴纳500欧元的学费，这个法律自2006年4月1日起生效。不过，最终何时实施，具体缴纳多少金额，这个法律并没有强制，可以由大学自己决定。北威州的这一决定在学生中掀起了此起彼伏的抗议。明斯特大学学生会在2006年上半年举行了游行示威，抗议学校收费，这一抗议使正常教学活动一度陷入瘫痪。

刚刚就任校长的内勒斯感受到了双重压力：一方面来自州大学监管委员会要求执行州的法律，另一方面来自学生持续不断的抗议。她宣布，2006年冬季学期的收费暂时停止。学生会对这一决议感到欢欣鼓舞。但是，内勒斯并没有退缩，她以退为进。在接受媒体记者采访时她公开表示：停止收取学费将导致学校减少大学生录取名额。就在学生抗议刚刚缓和的时候，明斯特大学所在的北威州原来的州长离任，力主大学收费改革的财政部长继任州长，这意味着北威州推进收费改革将继续向前。

对于刚刚就任明斯特大学校长的内勒斯来说，办学资金是第一位的。既然从州财政那里拿不到钱，向学生收取学费就成了唯一选择，否则大学就没法办下去了。面对抗议如潮的学生，内勒斯义无反顾，仍然要继续推进学费改革。在民主国家，民主既是目的，也是手段。内勒斯决定利用校务委员会来推进这项改革。按照法律，在德国，校务委员会是大学最高权力机构，其成员包括教授、助教、学生，这些成员都是通过民主选举产生的。明斯特大学的校务委员会共有23名成员，其中包括12名教授、7名助教、4名学生。

2007年1月17日，校方以减少学费的方式向抗议的学生作出让步，即从原来的每学期500欧元减为300欧元。尽管学生仍然不满，但校务委员会总算可以召集开会了。3月14日，明斯特大学关于学费改革迎来一个历史性时刻，校务委员会全体成员就每学期收取300欧元的方案举行表决。结果是12名教授全部投赞成票，7名助教和4名学生全部投反对票。12比11，按理应该可以通过这个方案了，但学生并不接受。这时，一个教授提出每学期275欧元的建议，在表决这个方案的时候，最终结果还是12比11，学生终于勉强接受。就这样，一个每学期收取275欧元的学费改革方案正式执行，这是校方的胜利，当然也是内勒斯的胜利。表决之后，明斯特大学决定自2007—2008年冬季学期开始征收学费，这意味着明斯特大学一年将收入2500万欧元。内勒斯说，这笔经费，能有效帮助学校改善教学环境和提升教学质量。因为学费改革，内勒斯尽管饱受批评和指责，但在办学经费艰难的情况下，推行这个改革无疑是对的，因为这让明斯特大学渡过了难关。

三十年河东，三十年河西。随着德国经济状况的好转，取消大学收费的呼声又再度升起。很多高校都在反思将近十年的收费制度到底给大学带来了什么变化。2011年年初，社民党在北威州选举取得胜利，它迅速兑现承诺，宣布自2011—2012年冬季学期开始取消大学学费。内勒斯和明斯特大学努力争取的大学收费制度最终被废除了，但这并没有妨碍内勒斯再度当选明斯特大学的校长。

三、带领明斯特大学融入“博洛尼亚进程”

尽管学费改革举步维艰，但有一项改革在德国高校中有条不紊地推进，那就是全面实施的“博洛尼亚进程”。

所谓“博洛尼亚进程”，是29个欧洲国家于1999年在意大利博洛尼亚提出的欧洲高等教育改革计划，该计划的目标是整合欧盟的高教资源，打通教育体制。“博洛尼亚进程”的发起者和参与国家希望，到2010年，欧洲“博洛尼亚进程”签约国中的任一国家的大学毕业证书和成绩，都能获得其他签约国家的承认，大学毕业生可以毫无障碍地在其他欧洲国家申请学习硕士阶段的课程或者寻找就业机会，实现欧洲高教和科技一体化，建成欧洲高等教育区，为欧洲一体化进程作出贡献。

在2006年内勒斯当选明斯特大学校长前，关于是否融入“博洛尼亚进程”，在大学内部存在着激烈的争论。争论的焦点是融入博洛尼亚进程，教学的质量能得到保证吗？明斯特大学的教授对自己的办学质量一向很自信，该校的教授和学生先后9次获得莱布尼茨奖。莱布尼茨奖不仅是欧洲最高的科学奖项，也是世界上奖金额度最高的科学奖项。2006年，内勒斯当选明斯特大学校长后，她多次明确表示，反对高校收费和学制改革“过时了”，德国已经是欧洲高等教育区的一个有机部分，“历史的车轮不能阻挡”。

长期以来，德国大学以洪堡教学理念为指导思想，追求“教学自由”和“教研结合”，大学犹如象牙塔。在2007年以前，德国高校所有经费均由国家和地方政府拨款提供。学位制度以二级制为特色，绝大多数学生获得作为第一学位的硕士学位，平均学习时间长达7年，即使在应用科技大学，学生获得第一个毕业文凭的时间平均也要4年至5年。博士学位作为第二学位教育，至少需要5年时间。这样的教育体制导致的后果是教育经费开支过高，而学生毕业时年龄偏大，实际操作能力不强，不能直接为社会和企业服务。

随着欧洲一体化从经济领域扩展至社会和政治领域，欧盟成员国公民开始有权自由选择居住地和就业国，欧洲国家之间高校文凭的互认成为当务之急。随着外国留学生不断流向欧洲其他国家以及美国、澳大利亚等地，德国作为文化教育大国的地位受到质疑。与此同时，针对大学课程教学大纲结构性不强、学习时间过长、辍学率高等问题，德国国内改革的呼声也此起彼伏。

内勒斯在明斯特大学统一思想后，迅速带领明斯特大学融入“博洛尼亚进程”。继明斯特大学商学院首先实行学士（Bachelor）和硕士（Master）学制之后，从2006—2007年冬季学期开始，明斯特大学全面引入学士和硕士两个学制。与以往学制不同的是，新型的本硕博三段式学位教育将学士学位作为高校学生毕业的第一学位。就学习时间来看，本科学业时间为3至4年，硕士学位教育分为“3+2”和“4+1”两种模式：学生完成3年的本科学业后继续学习2年，或完成4年本科学业后追加1年，即可获得硕士学位。在博士生教育方面，学习时间由原来的5年缩短为3至4年。

根据“博洛尼亚进程”，德国高校自2010年起将全面实施学分制和统一的本硕博三段式高等教育学位体制。由于内勒斯校长的努力，明斯特大学的学制转型提前了将近5年，为德国其他高校的改革探索了道路。

教育信仰与爱

——记坎特米尔基督大学校长克瑞娜·杜米瑞斯库

王琴、周丽娜

罗马尼亚的迪米特里埃·坎特米尔基督大学是一所私立大学。该校成立于1990年，建校时间不长，但是发展非常迅速，在罗马尼亚的高等教育领域有很好的声誉。克瑞娜·杜米瑞斯库校长是这所私立大学的两位创始人之一。作为一位年轻的女校长，能一手创办一所大学并坚定地领导学校发展，实属不易。这位颇有传奇色彩的女校长就是本文的主角。

一、成长岁月

1964年3月10日，克瑞娜·杜米瑞斯库出生于罗马尼亚的马拉穆列什。在克瑞娜的记忆中，那是一个梦境般美好的地方。童年时期，克瑞娜也是一个整天抱着洋娃娃玩耍的小女孩。家里人对她十分宠爱，但是也有着严格的要求。受到家庭教育的影响，学生时代的克瑞娜有良好的学习习惯，很多小朋友放学后喜欢先玩耍，再完成作业，但是克瑞娜放学后一定是先把作业做完。克瑞娜坦言，她是那种很有求知欲的孩子，喜欢读书，喜欢通过自己的努力掌握一些新的知识和技能。

这些良好的习惯使她养成了很好的专注力和钻研能力。在学生时代，克瑞娜一直是个“学霸型”的学生，性格开朗，成绩优秀，她因为突出的成绩和表现，总是得到老师和同学的青睐，经常获得各种奖项和奖学金。成年之后，再回望这段一帆风顺的学习生涯，克瑞娜也笑言，因为她一直是听话的乖小孩，所以成长得有点太过风平浪静了，顺遂的生活多少是有点平淡的。如果让她再次选择，她可能想体验一下做一个淘气包。

谈及家庭，克瑞娜说父母对她有很大的影响。父亲教她一定要待人真诚，母亲则教给她很多为人处世的道理。母亲是一位慷慨、亲切、友好的人。她从法律专业毕业，是一位成功的律师，“我很爱妈妈，她给予我的很多教育都对我影响至深，对于我未来的选择有很重要的指导意义。我后来所学的专业也是法律，很大程度上是受到母亲的影响。”

奶奶也是克瑞娜深爱的家人。在祖辈一代中，奶奶是一个有坚强意志和生活热情的人，对克瑞娜的家庭观念的形成有很重要的影响。小时候，奶奶照顾了克瑞娜很多年。祖孙二人感情深厚。克瑞娜19岁时，奶奶去世，这也让刚上大学的克瑞娜首次体味到失去亲人的痛苦。克瑞娜还有一个哥哥，兄妹之间关系亲密，一直在生活中互相扶持。这种亲密的家庭关系也使得克瑞娜一直很注重和亲人之间的互动和联系，这是父母教导下的家庭传统。懂得亲人之间互相扶持的人，才有可能对别人奉献自己的爱心和热情。

克瑞娜认为，家庭教育是个人成长的基础。家庭教育首先是情感的投入，其次是理性的教育。但是学校教育不一样，更多是理性基础上的管教，其次才是感性的、情感的教导。所以每个人的成长都需要良好的家庭教育和学校教育的配合。

二、创办大学

1990年，克瑞娜从布加勒斯特大学法律系毕业，那一年她26岁。在大学期间，她接触到很多国外的留学生，感受到罗马尼亚教育与发达国家教育的差距。于是，克瑞娜希望罗马尼亚也能有一所新式的大学，使学生能够接受更好的高等教育。

有这个想法之后，克瑞娜与莫瑟罗教授进行了交流，莫瑟罗教授也对罗马尼亚现行的教育体系有很多有益的建议。两人在教育方面有共同的信念和理念，便决定借助各自的资源来建立一所新式大学，这就是后来的迪米特里埃·坎特米尔基督大学。

学校的校名来源于罗马尼亚著名的人物迪米特里埃·坎特米尔，他是罗马尼亚文化最具代表性的伟人，也是克瑞娜和莫瑟罗共同敬仰的文化偶像。迪米特里埃·坎特米尔会11种语言，是个成功的政治家、历史学家、地理学家、作家。迪米特里埃·坎特米尔不仅是罗马尼亚文化的代表，也是影响欧洲文明的重要人物，他被视作罗马尼亚文化的象征，沟通国内外文明的桥梁。在他去世以后，很多人为他著书立传，根据他的生平撰写了大量的图书和戏剧。

正是循着迪米特里埃·坎特米尔的足迹，抱着传播发扬罗马尼亚文化的理想，一所全新的大学——迪米特里埃·坎特米尔基督大学在布加勒斯特设立了。作为私立院校，建校的过程没有得到政府的资助。那时候，罗马尼亚还没有什么NGO（非政府组织）。但是学校找到了自己的资金渠道，建校初期的资金有了较好的保证。

学校初创期经历过一段艰难的时期。招聘工作人员也很困难，学校的第一批职员很多都是通过朋友推荐过来的。在克瑞娜的记忆中，她很感激当年那些一同并肩奋斗的同人。在招生这方面，克瑞娜发挥了重要作用。她有很多年轻人的朋友圈，知道怎么把他们组织起来。学校通过一些宣传和组织，吸引了越来越多的年轻人，他们认为这是一所很有活力的新型学校，希望进入学校学习。大约有900人成为了迪米特里埃·坎特米尔基督大学的第一批学生。学校有了一个坚实的起步。

迪米特里埃·坎特米尔基督大学于1990年10月成立，第一个成立的系是历史系，因为迪米特里埃·坎特米尔是一个历史学家，随后建立了法律系，因为迪米特里埃·坎特米尔也是法律学界公认的重要人物。之后，学校逐步建立了管理、经济等其他院系。

截至2013年，学校拥有7个教学中心，15个学院，在校生近两万人。学校在商务管理、经济与外事、经济与国际商务、金融与信贷、政治科学与管理科学等专业领域具有27个学士学位和28个硕士学位授予权。迪米特里埃·坎特米尔基督大学的外语系也是罗马尼亚比较有影响的，外语系的学生可以学习10种外语。

三、校长的挑战

2007年，克瑞娜被任命为迪米特里埃·坎特米尔基督大学校长。她是学校的第二任校长，也是第一位女校长。此前，学校一直由莫瑟罗（Momcilo Luburici）教授任校长。

长期的在校工作经验为克瑞娜担任校长奠定了基础。克瑞娜从建校初期以来一直在学校担任管理岗位的职务。从1990年到2004年的14年间，担任了学校的学术部长，2004年开始担任学校副校长。多年的工作历练使她积累了丰富的经验。克瑞娜回忆说：23年前，当我们开始着手创建这个学校的时候，我每天所做的日常工作就已经为我今天担任校长的职位做了充分的准备。

担任校长自然会面临很多挑战，克瑞娜认为最大的挑战在于如何推动学校继续发展。她一直强调要多渠道推进学校的发展。教师和学生要在教育和学习中获得自身的提升，有所收获，有所进步。作为管理者，需要为学校的发展提供不断完善的教育设施，培养高品质的教学队伍，提升教师的能力和水平，满足学生的期望。同时，组织一支更加高效、富有竞争力的管理团队，这是学校发展的关键。在做好内部工作的同时，克瑞娜非常注重和其他高校、学术机构的交流与合作，希望在交流中促进学术的发展，提升教育的质量。

迪米特里埃·坎特米尔基督大学是一所新兴的私立大学，但学校仍严格依循大学的经典传统，克瑞娜希望把学校打造成罗马尼亚甚至世界范围内的一流高校。这是学校发展的愿景。学校的办学宗旨是要以开放的姿态接纳一切有价值的创新，以此来推进学校的不断发展。一所大学不仅仅要为学生传授专业的知识，更重要的是要培养学生良好的人格和品性。教育是对学生灵魂的塑造，这是触及心灵的工作。

从担任副校长开始，克瑞娜就着重拓展学校的学位教育。她说："我很重视监管学士专业和硕士专业的学位授权和认证，以保证学校的教学质量。此外，我也负责管理一些培训项目的授权和认证。这些是我的工作重点。我认为一流大学一定是在教学研究领域拥有突出的优势，有高品质的人才队伍，有优秀的教学科研团队。我们学校为了支持教授们的学术发展，也制定了一系列的措施，保证教授们学术生涯的持续稳定发展。"

克瑞娜很重视国际交流对于学校发展的作用。在这方面，她直接参与并促成了和很多国外大学建立合作关系，包括欧洲、亚洲和美洲的多所高校。作为一个欧盟国家的高校，学校与很多欧盟成员国建立了至少20个合作项目。在教师和学生的国际交流方面，学校尽可能创造机会，让他们参加诸多教育项目；在学术交流方面，学校重视国际学术会议，通过组织各种主题的国际研讨会和圆桌讨论会，来促进交流与合作。

在提升学校的科研实力方面，克瑞娜很重视研究和创新。迪米特里埃·坎特米尔基督大学在很多学科领域都设有专门的研究机构，鼓励教授投身研究。研究成果很多发表在大学的学术期刊上，或者发布在学校组织的国际会议上。在学校的整体发展规划中，克瑞娜一直把最重要的投入放在学校的学术研究方面。研究有进步了，学校的学术实力才能得到更多的认可。教授们会尽量把握世界范围内学术研究的前沿，同时也可以使自己的研究成果得到更多的传播。

近年来，新媒介技术的传播使得现代教育有了很多新的形式。克瑞娜认为使用最新的信息技术来推进教育和学习非常有必要。她在学校的教学中很注意倡导师生使用新的信息技术，开设相关的技术课程，并组织有效的培训。倡导数字化、电子化的数据分享是未来的大势。通过电脑利用图书馆的数据库，并开展远程交流。这些都可以让工作和学习更有效率。同时，克瑞娜也清醒地指出：技术永远无法取代人与人之间的对话交流，传统的教育形式还是有很多优势的，教授和学生之间可以面对面地交流、讨论，课堂教学的重要性依然无可替代。

在推进研究的同时，克瑞娜也很重视学校和企业以及其他社会组织的合作，这些合作可以促进学术的实践，使得学校的教育科研成果和社会需要紧密结合。学校的很多应用型研究与企业和社会机构建立了广泛的合作。例如，经济学院的老师和学生参与了很多与企业合作的项目。邀请企业家到学校为学生做讲座。同时，对于那些非政府组织或慈善机构，也会鼓励学生在合作中担任志愿者的角色。学校和社会各界长期稳定的合作和联系十分有益。针对一些适合的机构，学校通过协议形式建立固定的合作关系，比如罗马尼亚工商会和布加勒斯特监察学院等，都和迪米特里埃·坎特米尔基督大学有长期稳定的合作关系。

克瑞娜目前还担任罗马尼亚全国高校委员会的副主席，这个机构汇集了罗马尼亚所有的公立和私立大学。借助这样的一些便利渠道，学校和罗马尼亚的很多高校都进行了交流并建立了合作。对一个校长而言，最重要的就是带领自己的大学获得国家乃至世界范围的认可。在罗马尼亚，对于大学的评价有一套国家指标体系，这是评定一所大学是否符合教学研究要求的标准。克瑞娜和她的教授们为了这样的评审作了很多努力，在2010年以高质量的教学科研水平通过了国家的评审。

四、管理哲学

罗马尼亚有104所大学，只有五六所大学有女校长。像克瑞娜这样亲身创办一所大学的人，很是不易。

克瑞娜说：在管理方面，我很强调责任感。我始终相信，第一位愿意为组织机构发展承担责任的人，就会是被选出来担任领导的人。管理一所高校的关键要素是领导人的个人魅力和能力。忠诚、热情和能力都很重要。校长需要有领导大学发展方向和路径的能力，当然，还需要有足够的睿智能组建一支优秀的管理团队。

克瑞娜看起来不怒自威。作为一个女校长，她认为应该要有智慧，也要有足够的力量，这是女性事业成功的关键。但是克瑞娜不认为自己是一个性格强势的人。“如果觉得她不太亲切，那可能是对她不太了解。”副校长克瑞斯狄安娜在接受作者访问时说，“我不认为克瑞娜校长强权。其实她很有母性，像是学校的大家长，像个母亲。”

目前学校的领导层中，男性居多。三个副校长，只有一个是女性。但之前的一届领导层中，几位副校长都是女性。克瑞娜表示，我比较注意培养和发挥女性的领导力，学校中好几个学院的院长都是由女性担任。男性和女性应该有平等的发展机会。她提到在罗马尼亚，男女都有平等的受教育权利，这方面国家对男女学生都是一视同仁，女学生的教育发展没有限制，每个女性都可以有机会进入任何大学学习。在罗马尼亚，女性和男性一样，能获得什么样的社会地位，与她所接受的教育密切相关。

在学校的工作中，副校长克瑞斯狄安娜对克瑞娜的帮助很多。克瑞斯狄安娜70多岁了，但是看起来很年轻。她的管理能力和学术能力都十分出众。她是学校最优秀的教授，也很受学生欢迎。其他几位在位的副校长都比克瑞娜年纪大。克瑞娜在掌控学校的发展大局方面有着天然的自信。但是，毕竟，这是她一手创建的学校，她年纪虽轻，但是资历不浅。

克瑞娜是个善于分析和思考的人，她认为这是自己性格中的优势。她说，我几乎每天都会反思一下自己的日常行为，这使得我受益良多，这就像孔子说的“吾日三省吾身”。孔子是克瑞娜最喜欢的东方哲人。

克瑞娜的精力旺盛，工作上十分投入，她笑言在工作中面临的最大问题就是时间不够用，感觉每天的时间都很快过去了，总是没有充裕的时间来完成自己某一天或某一段时间的工作计划。在自身发展方面，克瑞娜也有着不服输的个性，她觉得自己是那种活到老、学到老的人。克瑞娜是一名法学教授，她在1998年获得了博士学位。但她目前还在拓展自己的研究兴趣，正在攻读一个社会学的博士学位。

克瑞娜在罗马尼亚教育界奋斗多年，也获得了很多认可和奖项，其中包括2008年布加勒斯特市政厅颁发的荣誉证书，2009年获得罗马尼亚迪米特里埃·坎特米尔奖章，2012年获得阿斯特协会荣誉奖章，2013年获得罗马尼亚科学协会杰出人士证书。

克瑞娜大学毕业后就一直投身教育事业，这也是她一直钟爱的领域。在她看来，教育是每个人的权利，无论性别、年龄、宗教或政治信仰。教育最重要的作用就是培养人的完善性格，推动人们获得成功，确立人的社会地位。每个人都有与生俱来的使命，但是塑造个人角色的过程，需要在教育的过程中内化并确立。教育的过程使人们掌握更多的知识，使得每个人的精神和灵魂具备一种开放的态度。

克瑞娜说："我始终坚信，教育是使人通向成功的最重要途径。"正是基于这样的信念，她从大学毕业后就积极从事教育事业，希望能影响更多的人。"选择成为一位教授，是我一直以来的梦想。教育就是引导和塑造年轻人的灵魂，这是一份很崇高的工作。基本的社会责任感引导我走上这条路。我热爱这份职业，如果让我重新开始，我还会选择做教育。"

她最敬仰的哲人包括：迪米特里埃·坎特米尔、毕达哥拉斯、孔子。喜欢中国的孔子是因为觉得孔子不仅自己学识过人，还是一位伟大的教育家。他将自己的所学传授门徒，惠泽众人。到访中国的时候，克瑞娜特别去了山东曲阜拜谒了孔庙。从个人信仰的角度，她特别希望能通过自己的力量帮助到更多的人。而教育工作正好给了她传播知识、传播爱和信仰的途径。

五、幸福婚姻

克瑞娜·杜米瑞斯库和丈夫感情甚笃。当问及她喜欢什么类型的男性时，她说："我喜欢浪漫的、有梦想的、爱画画的。嗯，其实我丈夫就是这样的。婚姻对于我而言就是灵魂伴侣的结合。当然，这样说是因为我有一个这样的灵魂伴侣。我的丈夫很出色。"

克瑞娜的丈夫曾经也是一位教授，目前任职为罗马尼亚国会副议长。夫妇两人兴趣爱好相投，彼此都是对方最坚定的依靠。克瑞娜说，我俩是个特别的团队，他对我的职业和工作帮助很多，总是能给我提供很好的建议。我认为一个成功的人不仅仅是要有成功的事业，还要有快乐的家庭。

婚姻不仅是两个人的结合，它意味着丈夫进入妻子的家庭，也意味着妻子进入丈夫的家庭，所以婚姻是在创造一个更大的家庭。克瑞娜认为自己在家庭中的角色是偏主导的，丈夫在家庭事务中会更多地依赖她。"其实，在我的家里，我们两人沟通很多，一般通过对话讨论来解决矛盾。很多时候，我们更像是好朋友的关系。"

克瑞娜对自己的生活现状很满足，因为有自己喜欢的工作，亲人和朋友都在身边，周围充满幸福的正能量，日常生活中那些微小的幸福都会让她感到满足。她热爱那些美好的生活点滴，虽然不擅长烹饪，但很喜欢美食，最喜欢的就是和丈夫或其他家人一起享受美食，享受闲暇时光。她和丈夫一起养了两只狗，两人共同照顾它们。他们也很爱养花，家里种了很多花。克瑞娜认为个体的幸福感很重要，每个人都感到幸福了，整个社会才能有幸福。

克瑞娜和丈夫一起在家中接待到访的中国大学女校长

克瑞娜目前生活的主要内容就是学校和家庭，她喜欢把工作和家庭生活分开，工作时投入工作，休闲的时候就完全放松。克瑞娜的爱好有很多，在紧张的工作之余她会选择阅读，或听一些动感的音乐来放松自己。因为喜欢读书，她参加了学校的读书沙龙，和一堆爱书的人一起在沙龙上读诗、读故事，分享彼此的阅读体验。她还参加了坎特米尔音乐俱乐部，在俱乐部活动中和大家一起弹奏钢琴、小提琴，欣赏美妙的音乐。克瑞娜也很喜欢体育运动，她喜欢游泳，也喜欢打篮球，最喜欢的运动是打乒乓球。如果时间允许，她还会出门旅游，通过旅游去感受不一样的风景，体味不一样的生活。克瑞娜最新的爱好是跳舞，她正在学习阿根廷探戈。那种热烈奔放的舞蹈让她觉得有一种恣肆奔放的美。

每次看到克瑞娜，她都是妆容精致，衣着讲究。克瑞娜喜欢传统的服装和发型，认为这样的装扮典雅又不失庄重。她的标志性发型是漂亮的盘发，这是她最中意的发型，让她显得特别的干练和精神。当笔者问及她是不是每天盘发时，她笑着说：其实，每次发型师帮她盘好头发，她都可以保持几天的时间，基本不会因为睡觉的原因影响发型的效果，因为她睡觉很老实，不喜欢动来动去。她笑称：我睡下时是什么姿势，早上醒来一定还是什么姿势。能这样保持睡姿的人，也是对生活比较严谨的人。克瑞娜习惯做计划，喜欢有规律的生活，她总是把一切事务打理得井井有条。

克瑞娜是一个喜欢往前看的人，她热爱生活，勇于挑战。相信这样一位女校长会给迪米特里埃·坎特米尔基督大学创造更多的精彩和更好的未来。

建筑人生三维景观

——记新加坡国立大学副校长江莉莉

舒笑梅

新加坡国立大学（National University of Singapore，NUS，下文简称新国大）是新加坡共和国高级人才培养中心和科学研究中心。目前新加坡国立大学拥有9大学院，共50多个学系。此外，学校还拥有9个研究生院、多所研究机构及研究中心。新国大最早可追溯至1905年，经过百年的发展，新国大已经跻身亚洲太平洋地区著名的高等学府。2013年在《泰晤士高等教育增刊》统计的世界大学100强中，新加坡国立大学排名第29位。历经百年沧桑，新国大已然屹立于新加坡高等教育的顶峰，精英会聚，名人云集。

江莉莉教授35岁执掌新国大最大的学院——艺术与社会科学学院，成为该学院的院长；39岁出任新国大主管教学和科研的副教务长，协助教务长制订战略政策，调整教育发展方向，确保新国大始终保持高端的教学标准和水平；42岁升任新国大副校长，主管大学与环球国际联系事务，负责筹建耶鲁—新加坡国立大学学院。身为一名女性知识分子，她小小的身体里蕴藏着巨大能量，在人生旅程中努力打造由优秀学者、优秀教师、优秀高管构成的三维立体空间，在拓宽自身事业空间的同时丰富和充实自己的人生。

一、学而不厌 做一名顶级的学者

对新加坡共和国而言，1965年是一个重要年份：是年8月9日位于东南亚的新加坡解除了与马来西亚联邦的关系，成为独立的主权国家。对居住在新加坡的普通华人家庭江家而言，1965年也同样是一个值得纪念的年份，因为这一年家中降生了一个白皙可爱的小女婴，父母为她起名莉莉，希望她像茉莉花一样清白雅致、贞洁质朴、芳香宜人。

莉莉在父母的呵护下逐渐长大。可惜，父母双全的幸福时光为时不长，在莉莉很小时父亲就去世了，此后，母亲作为家中的顶梁柱，独自一人把江家的儿女抚养成人。常言道：父母是儿女的第一所学校，母亲的坚忍和独立潜移默化地影响了女儿。成年的莉莉回忆说："我从小学会独立。我从母亲身上学会果敢、自力更生和独立自主。由此我也对那些总是为自己的厄运责怪他人、或是那些自己不付出努力总是想依赖他人的人缺少敬重。”

7岁，正值学龄的莉莉被母亲送到一所天主教会主办的学校，开始了小学和中学教育，直到16岁毕业。9年时光在莉莉的记忆中留下点点滴滴的回忆，然而，令她记忆最为深刻的还是校训。时至今日，年近半百的莉莉依然清晰地记得40多年前她走进学校大门后见到的校训——简美·恒责。校训宛如一把斫玉的雕刻刀，伴随着9年的涓涓细流，长久地、细细地琢磨着莉莉这块璞玉，直到她个性中的种种美德都被打磨成型，放射出温润宜人的光辉。在写给笔者的邮件中，莉莉强调“这个校训潜移默化地对我的成长产生了最重要的影响”，她说“简美”这一校训让她明白在与人相处时，“我还相信谦逊，也就是说无论我们具有何种美德，无论我们在工作中展现何种价值或无论我们与何人合作，没有什么值得夸耀的；我们用简易和谦逊完成我们所能做的事情。”莉莉的谦逊给她的同事和朋友们留下了深刻印象，他们公认尽管莉莉在事业上取得了巨大成功，但她依然是一位接地气、平实和蔼的人。2008年，新国大地理系助教Chang Tou Chuang说他与莉莉共事16年，“无论她的职提升了多少，她还是诚心诚意地希望作为一个个体——而不是一名研究人员、一位讲师或是一名行政主管——了解周边发生的一切。”所以，谦逊真诚一直是莉莉的一个突出个性。地理系秘书Irene Chee在莉莉还是该系的一名助教时就认识她，两人共事20多年，她也同意Chang Tou Chuang的说法，并认为“莉莉不仅是一位思维缜密、体贴的同事，她还是我的一位特棒的密友。我总是对她说她从事地理学研究而非其他研究是我们系的巨大收获。我们对她今天所取得的成就倍感荣耀，与她共事真的是一种愉悦和欢乐。”

“简美”影响了莉莉的性格，“恒责”则影响了莉莉做事的态度和风格。莉莉说：“我坚信所谓‘恒责’就是无论我们做什么都要尽己所能做到最好，而不是推卸责任。然而，现实是许多人承担了一些责任，但是没有负责任地完成责任，而是想着只要过得去或‘做得最少’就行了。”她对校训中“恒责”的理解首先体现在她对待学业的态度上。

在中学，莉莉学习了数理课程、人文美学课程、思考与研习课程、双语文化课程，努力使自己成为“关怀、服务、领导”社会的国民。1983年莉莉考取新加坡顶级大学——新加坡国立大学地理系，开始了她的大学教育。莉莉回忆说：“十多岁时我是一名理科生，但是将近二十岁时我意识到我更喜欢人文和社会科学。所以我选择学习地理、文学、经济，虽然当时新加坡的风气是学习成绩好的学生学习理工科，成绩较弱的学生才会选择人文科学。但是我随兴而学，进入大学以后发现自己真的很喜欢上地理课。幸运的是，我学得很好，一年级结束以后我被选中进入一个特殊的项目小组，专攻地理学。”

本科学习期间，莉莉努力缩短从理科生转为文科生的转型适应期，她博览群书，徜徉在地理学的知识海洋中，逐渐固定了研究兴趣。1986年莉莉的毕业论文《殖民小说中的马来世界》被评为该校优秀毕业论文。同年，她被评选为优秀本科毕业生，获优秀文学学士学位。本科毕业当年莉莉留在母校继续深造，开始了研究生教育。1988年她完成硕士论文《心理表象：新加坡学生世界观之探索》并顺利通过答辩，获得新国大地理学硕士学位。此后，她远赴英国，在伦敦大学开始了她的博士课程。1991年她完成博士论文

《神圣与世俗：新加坡宗教建筑的当代意义与价值之探索》，通过答辩获得伦敦大学地理学博士学位。

从本科生到博士，莉莉的研究兴趣不断增加，研究范围不断扩大，莉莉在写给笔者的邮件中回忆说："当我开始我的博士课程时，我意识到阅读范围应该更加宽泛。"她确实这么做了，她总结道："我读了人类学、社会学、政治学、历史学等多领域的书籍。这样做的一个结果是我变成一位跨学科的学者对我来说，最富创造力的时刻是看起来毫不相干的，有时是来自其他学科的素材相互碰撞、产生想法的那些瞬间。"的确，莉莉的研究范围不断扩大，在专注于地域、空间、景观研究的同时，还增加了宗教、社区和身份研究，同时又将音乐地理、亚洲文化政策与文化比较等与相关研究的知识纳入自己的关注视野，探寻文化与传承景观，民族构建与民族认同，民族构建与文化、宗教、环境（城镇化与自然）构建之间的关系，她确实成为名副其实的跨学科学者。

无论研究范围如何拓展，莉莉认真学习，如切如磋、如琢如磨专注学问的态度一直未变，也正是得益于这样的"恒责"态度，经年累月，莉莉发表了数量多、研究领域丰富的学术成果。

从1986年在《新加坡热带地理学期刊》上发表她的本科毕业论文《殖民小说中的马来世界》开始，截止到2013年，莉莉在各类学术期刊上发表学术论文共计86篇。1994年莉莉与劳（S.A.Low）和叶（J.Yip）两位学者合作，出版专著《女修道院编年史：新加坡首个女子教会学校历史》。在随后的7年时间里，她笔耕不辍，或与他人合作或独立撰写，出版了《狮城印象——新加坡历史社区与特性一览》《城市公园系统的规划和生态》、《新加坡：发展型城市国家》(世界城市系列)、《如切:活生生的遗产》[1]、《景观:想象世界的方法》、《新加坡景观政治:国家建构》、《新加坡霍克中心》、《保存过去创造未来:新加坡都会遗产》8部专著;又编辑出版8部编著的书和5本期刊特辑。此外,从1995年到2013年,她的研究成果作为独立成章的章节出现在58部正式出版的编著之中。1996年,她撰写的专著《女修道院编年史:新加坡首个女子教会学校历史》和《狮城印象——新加坡历史、社区与特性一览》获得了新加坡"国家书籍发展理事会优秀图书奖"。1997年莉莉荣获新国大"校级卓越研究人员奖"。

从1993年到现在,莉莉是国际知名学术期刊的编委:她曾经担任或正在担任《地球:地理与环境》、《地理科学进展》、《文化地理杂志》、《东南亚时事杂志》、《社会学杂志》、《亚洲文化研究》、《国际视角与中国视角下的创新经济》、《宗教地理与信仰体系》、《亚太大众文化与政策》等24种学术期刊、著作的编委会成员。她还是上述期刊的评审人员:从1995年至2011年莉莉曾为170余篇稿件做过评审工作。同时,她是国际知名出版社的书稿评审委员,曾为牛津大学出版社、劳特利奇出版社、布莱克威尔出版社等7家国际知名出版社做过书稿评审工作,并提出中肯建议。她又是科研基金的评估委员,从1998年至2011年,她参加了英国人文艺术研究会、澳大利亚研究理事会、英国国家学术研究院、新加坡国立教育学院教育学研究与实践中心、香港研究资助局、南洋理工大学、荷兰科学研究组织、加拿大社会科学与人文研究委员会、亚欧基金

① 如切(Joo Chiat)新加坡地名。

研讨会多项基金申请的评估工作。此外，她还是新加坡、日本、澳大利亚、立陶宛、中国香港、中国台湾、德国、联合国多个国际项目的视察委员会委员兼国际顾问小组成员。例如，她曾经作为校外评估委员会成员暨董事会成员参与评估了早稻田大学的国际项目；她还作为专家组成员为立陶宛Mykolas Romeris大学国际大学协会的大学国际化战略提供了咨询服务。

二、诲而不倦 成为一名优秀的教学人员

2011年莉莉在从教20周年接受《新加坡国立大学校友期刊》的采访时说："我加入学术界是因为我想将教学和研究结合起来。我一直就很想从教。当我还是个小姑娘时，我会把我所有的洋娃娃排成一行，然后面对她们，开始讲课。"

1991年莉莉刚获得博士学位，就从伦敦飞回新加坡，回到新国大，在地理系执教，反哺母校对自己的培养和呵护。与她的老师们一样，莉莉也不遗余力地在学业上指导学生，细心培养学生。很快，她的辛勤劳作就收获了成果。1993年，莉莉刚刚任职两年就喜获新国大艺术与社会科学学院优秀教学成果奖。1997年，她再次获得该学院的优秀教学成果奖。从教20多年来，莉莉为本科生、硕士研究生和博士研究生开设了不同类别的课程，课程内容与她的跨学科学术背景紧密相连，关涉如文化景观、性别地理、自然与社会、东南亚大众文化、第三世界的都市化等等。

完成教学活动之余莉莉还担任学业导师。1992年至2013年，她指导了20余位本科生、硕士研究生、博士研究生的毕业论文，帮

助他们获得了相应的学位。

作为一位国际知名专家，莉莉不仅为新国大提供教学服务，她还为爱丁堡大学、墨尔本大学、任迪肯大学、任斯特拉斯克莱德大学、澳大利亚国立大学、伦敦大学学院、格拉斯哥大学和麦考瑞大学提供校外考试和博士论文校外考试服务。同时，她还是多所国际知名院校的客座教授，2007年她担任台湾大学人文与社会科学高等研究所地理系的客座教授；2009年至2012年她担任日本横滨联合国大学高等研究所客座教授。

在学习上莉莉悉心指导学生，在生活中她时常关心学生。有时莉莉会选择坐在艺术学院食堂一角，与学生、朋友共进午餐，讨论问题。在学院走廊里看到学生时莉莉总是含笑招呼他们。她时刻不忘中学校训——简美、恒责，用它来规范自己的日常行为。

三、劳而不怨 做一名优秀的高管

1995年莉莉开始拓展她事业的另一维空间：高级行政管理工作。是年6月，莉莉出任新国大最大的学院——艺术与社会科学学院副院长。

从1995年开始，身为艺术与社会科学学院副院长的莉莉主要负责的工作是外联事务和事务质量评估事务。从1997年至2000年，莉莉的工作重心有所转移，从外联和教学质量评估转变为主管该院的研究事务和特殊事务。为此，她协助研究生院院长，一方面开展特殊研究项目，建章立制，促进新国大各项研究项目有序开展，另一方面开发硕士研究生及博士研究生的教育项目。行政管理工作让莉莉接触了许多具体事务，丰富了她的阅历，磨炼了她的工作能力。

2000年6月，莉莉出任艺术与社会科学学院院长，主管该院下属的15个教学部门，领导全院400名教职员工，尽心培养19个专业的6000多名本科生和研究生。年仅35岁，又是一名女性，江莉莉的任职一时成为新国大的重大新闻，人们对她的任职反应不一。2011年莉莉接受《新国大校友期刊》采访，回顾2008年的任职新闻，她自嘲道："作为最年轻的学院院长，我的确感到自己所面临的性别和年龄两大挑战，而且在这两者中，年轻是我更需应对的挑战。一位资深同事有一次对我说，'我只习惯和拥有35年以上工作经历的同事搭档，无法适应与35岁的同事一起工作。'"不过，莉莉很快向同事们证明了她超凡的工作能力和随和的个性态度，因而在为期三年半的院长任职期间赢得了学院所有同事的支持。有了同事们的鼎力支持，莉莉工作起来如鱼得水，游刃有余，在担任艺术与社会科学学院院长期间她还兼任新国大"学者计划"主任。在执行"学者计划"一年时间里，莉莉充分发挥自己的跨学科特长，从6所不同学院中选拔优秀的本科生，由"学者计划"统一安排，为这些学生提供跨学科、跨学院的多门课程，拓展学生的跨学科教学内容，培养学生的跨学科思维模式，创造有利于合作和创新的良好环境，培养了一批聪明理智、充满活力、具有首创精神和创造力，能够为社会发展作出显著贡献的毕业生。

2004年，莉莉进入校级管理层，出任新国大分管教育的副教务长。从2004年1月至2007年11月，她负责管理新国大的注册办公室、招收处、学务办、教育发展中心和教育技术中心的各种事务，同时协助教务长制订教育发展方向和战略政策，确保新国大一如既往地保持高端学术标准和优良教育质量。2012年10月，她出任新国大主管学术与人事工作的副教务长，负责聘用和培养教学研究人员，合理配置学校资源。

对于她所从事的教学管理工作，莉莉谦和而又客观地评价道：“我一直勤奋工作，帮助我校在教育事宜至人事工作多个领域建章立制，无论他们了解与否，这其中有很多规章制度影响了我们全体同人和所有学生的生活。”

在对外联络和国际化战略合作方面，莉莉于2007年10月至2013年11月担任新国大副校长，主管“大学与环球关系”事务。莉莉熟知新国大成立一个世纪以来一直是新加坡最为优秀的综合性大学，并深为母校取得的成就而自豪。然而她更充分意识到进入21世纪以来，伴随着日益加速的全球化进程，新国大不得不面临国内、国外同行的双重竞争。在她看来，与其被动守成，不如积极主动地应对挑战，借鉴和学习国外高校的成功经验，寻找环球战略合作伙伴，以继续保持新国大的优势地位。在任期间，她领导国际关系办公室和合作关系办公室的同事们制定了多个国际化战略项目，并在全校推广实施，借此引导该校在战略发展进程中成为全球领先的高等学府。她说：“我从事行政工作多年，为众多项目作出了自己的贡献。记忆最深刻的是我为筹建新加坡第一所与耶鲁大学合办的人文艺术学院所作出的开创性努力。尽管耶鲁—新加坡国立大学学院还没有完全建成并开始运转，但是看到我五年的辛勤劳动产生了结果——这所求学机构即将迎来聪明的年轻学子——还是令人十分愉悦的。”

莉莉最引以为豪的耶鲁——新加坡国立大学学院是亚洲首个仿照美国高等院校的人文学科教育体系而开设的人文教育学院，旨在为社会培养极具潜能的领导人才和高素质的世界公民。它也是耶鲁大学在美国本土之外设立的首个亚洲分院。耶鲁大学校长理查德·莱文认为，之所以选择在新加坡设立该院，是“我们希望建立一种令人兴奋、很多亚洲国家都感兴趣的模式，因为它在解决全球复杂问题上有宽广的视野”。①

就新加坡国立大学而言，成立耶鲁—新加坡国立大学学院的动因始自2007年，新加坡国际学术咨询团首次建议国家通过与耶鲁等国际知名学府的合作，建立人文学院，培养高素质的毕业生。作为新国大的校方代表，莉莉受邀出席国际学术咨询团的记者招待会并作发言，她希望该学院的成立能在亚洲乃至全球的人文教育创新中起到催化剂的作用：“我相信咨询团意识到，成立人文学院，将使本地高等教育更为多元，对新加坡而言，这是具有战略意义的。”此后，耶鲁—新加坡国立大学学院的筹备组建成为莉莉工作的重中之重。从学院的办学模式、合作方的选择、经费预算、课程开发、教职人员的聘用、向潜在学生的推广策略……事无巨细，莉莉殚精竭虑，认真细致地处理好每件事务。曾经一度，新国大校方高管对耶鲁—新加坡国立大学学院的办学模式意见不一，同时还对校址选择犹豫不决。为此，2010年，莉莉带领工作组前往美国，实地考察了耶鲁大学等多所高等院校，经过反复思量，向时任校长施春风（Tan Chorh Chan）提交了考察报告，指出最适合新国

① 张立玮：《美国耶鲁大学和新加坡国立大学将合作成立文学院》，《世界教育信息》2011年第5期。

大的国际办学模式是与一所规模较大的研究型名校合作。同时建议在新国大的校址之外成立一所独立的人文学院，为学生提供全寄宿制教学环境，方便学生与同学、授课老师、教授共同学习。

2011年4月耶鲁—新加坡国立大学学院启动仪式正式开始，新加坡总理李显龙出席启动仪式并发表讲话，希望“耶鲁—新加坡国立大学学院能给予新加坡的高水平学生另外一种选择，让他们得以在国内而非远赴国外攻读学位”。2011年11月至2012年6月，莉莉除了继续担任新国大副校长，还同时兼任耶鲁—新加坡国立大学学院代理常务副院长，负责学院成立的事宜。2012年5月，学院成立了领导班子。2012年7月，学院举行了破土动工仪式。

2013年8月27日，耶鲁—新加坡国立大学学院举行了开办仪式。首批招募的155名学生将在求学前两年的时间里学习一些通识课程，并在第三学年集中学习专业课程，他们可以从包括都市研究、生命科学和经济学在内的14种专业中加以选择。该学院大多数的课堂人数限定在18人以内，教学方法是采用研讨班形式来进行，课堂活动注重批评性思维的培养和教学上的互动。此外，该学院借鉴了耶鲁大学的住宿模式，为学生提供与学习、生活、社会交往密不可分的良好氛围。在课程设计方面，该学院不仅接触经典的西方哲学，还将研习中国哲学家孔子、孟子等极具东方元素的哲学思想。身为该学院的代理副院长，莉莉希望创立一种既不过于注重、又不完全脱离西方模式的新型人文学科教育模式。

生命真是一个奇迹，一朵小小的、看似娇柔的茉莉花也能为春天带来一抹新绿，为世界留下一缕馨香，为人间留下一丝甘甜！然而，正如中国文学家冰心所言：成功的花，人们只惊慕她现时的明艳。是她的芽儿，浸透了奋斗的泪泉，洒遍了牺牲的血雨。人如其名，江莉莉教授貌似纤弱，却拥有十足的韧性和力量，经年累月，依凭自己的努力和勤奋，用行动搭建起迈向成功的阶梯，一步一个脚印，打造出一方完美的三维空间，塑造出如夏花般灿烂的人生景观。

我眼中的卡马特：爱、理解与交融

——记SNDT女子大学副校长瓦苏达·卡马特

郑丹琪

我们，萧萧的树叶，都用声响回答那暴风雨，但你是谁呢，那样沉默着？

我不过是一朵花。

——泰戈尔

当清晨的第一缕阳光温柔地照进我的房间，我静静地坐在书桌前，开始思考如何开启这一段文字旅程，该从何说起呢？一个人的一生，如同一条漫长的河流，时而湍急汹涌，时而静若远溪，而需要耐心品味的又何止是那些可以言说的情节？

一、初识卡马特

采访之前我对印度这个古老的国度所知甚少，而这位来自异域的长者又是什么样子呢？我带着心里的种种疑问开始翻阅各种资料，并着手给我远在异国他乡的采访对象发出了第一封邮件。

在写给瓦苏达·卡马特（Vasudha Kamat）女士的信中，我介绍了自己及我所在的学校，向她详述了我所参加的项目的意义。希望通过采访她，为中国读者开启一扇窗，使大家能够透过她的经历，更多地了解印度这个国家本身，包括她的政治、经济、文化和社会生活的方方面面。

虽然信写得诚恳，但我并没有奢望卡马特校长能及时回复。不过第二天，卡马特校长就亲自回复了我。她事后对我说，之所以及时给我回信并且接受一位来自中国的作者的采访，正是因为她非常认同我信中的观点，一个人和一扇窗，这句话深深地打动了她，她与我有着相同的感受，她感到自己责任重大。她热爱自己的国家，希望她的祖国被世人更多地了解，盼望看着祖国一天天强大。我们相约在第五届“世界大学女校长论坛”的举办地——美丽的海滨城市厦门见面。

尽管设想了种种见面的场面和可能，但第一次见到卡马特校长的情形仍然令我感到有一丝丝的意外。那天是第五届“世界大学女校长论坛”的第一天，在位于科学艺术中心的主会场内，我远远地看到一个既陌生又有一点熟悉的身影，一头灰黑色的长发在脑后挽成一个丰满的发髻，额头上点着一颗象征平安、喜庆的暗红色的吉祥痣，极富异域特色。长长的睫毛下，一双乌黑的大眼睛深邃，高挺的鼻梁上方驾着金丝边的眼镜，显得文雅而知性。她身着印度传统服饰——一套橘红色的纱丽，佩戴着简单的项链和胸饰，看起来质朴而又不落奢华，温婉而又不失庄重。

此时恰逢开幕仪式的茶歇时间，她并没有同其他校长一道在休息区享用茶点，而是一个人留在演讲厅内同工作人员在交涉着什么。我走上前去，轻轻地向她打了声招呼“good morning, KamatJi。”KamatJi是我对瓦苏达·卡马特女士的尊称，在印度，对于长者和尊者，称呼时一般在姓名后面加Ji，以示尊重。卡马特校长抬起头，那深邃而坚毅的眼神落在我身上，“You are Jane, right?”我们微笑着认出了对方，她不像我想象中那样高高在上，而是慈祥而友善。

但此时的她显得有一点焦躁，问清原因才知道，原来她正在就会场中的印度国旗问题与主办方工作人员交涉。她显得有些着急，因为她细心地注意到，在会场内的前台上竖立着很多国家的国旗，却唯独没有印度国旗。她一脸的执拗，希望站在旁边的我也帮她一道沟通，于是，初次见面，没有寒暄，没有我事先预想好的一大段开场白，而直接切入“主题”——找国旗。

距离下半场仪式开始的时间不到十分钟了，会务组派人来协调，一个年轻的小伙子在会场内跑前跑后，最终在前台找到了印度国旗。原来前台其实是摆放了印度国旗的，但由于摆放的位置略为靠后，被旁边的两面国旗遮挡住了视线。那个小伙子将国旗的位置重新调整，牵着印度国旗的一角向我们招手，这一刻，卡马特校长露出了会心的笑容。她迎着小伙子的方向走过去，轻轻地拍着他的肩膀，一脸抱歉地说，真是不好意思，错怪你们了，辛苦你了小伙子，也非常感谢主办方。既坚持原则、直言不讳，又体恤他人、肯于担当，此时的我，突然感到眼前一亮——多么可敬、可爱的一位“老太太”啊！

因为前面找国旗的经历，我与卡马特校长已经开始熟悉起来，在与卡马特校长的交谈中，我对发展变化中的印度和印度人民有了更立体深入的了解。文化需要沟通与交流的平台，在女校长论坛短暂而紧凑的四天中，无论是文化午宴还是主题沙龙，无论是文艺演出还是民俗考察，都为与会的各国女校长提供了一个彼此认识和交流的空间，也为国与国之间的相互了解打开了一道彩虹之门，为国际间的文化交流搭建了一个真诚而友好的平台。

二、求学与成长

我曾设想，作为女性大学领导者，一定有着非凡的领导才能和卓尔不群的个人魅力，而其背后必定蕴藏着社会和家庭等方方面面的外部因素，并最终形成其旺盛的生命力和强大的支配欲。当我向卡马特校长求证时，却被她断然否认了。在她看来，自己绝非是一个强势的女人，而性格上的强势同事业上的成功也并无关联。唯一促使她在学业和科研上孜孜以求、在工作中努力进取的原因是她对自己的祖国、对那些处于弱势地位同胞的爱，这使得她在人生目标的设定上非常朴素而又令人钦佩——活出生命的价值，做一个有益于社会的人。

卡马特从小在马哈拉施特拉邦拉加德地区的一个小镇上长大，父母皆毕业于医学院，父亲曾在当地政府的医疗卫生部门任职，母亲婚后成为全职主妇。卡马特的父亲在担任医疗卫生系统官员时经常会在第一时间了解到需要医疗救助的穷苦人并且尽其所能帮助他们。在描述自己的父亲时，卡马特校长反复用了两个词：认真和专业。就这样在父母的呵护下长大，在父亲的光环映照下生活，来自家庭的潜移默化的影响使她自然而然地树立了成为一名医生的职业梦想，但是她发现自己在从医方面并不如父母那样具有天赋。

1971年，卡马特完成了在浦那大学的本科阶段学习，获得了化学学士学位，但这距离成为职业医师的梦想依然十分遥远，这条路漫长而艰辛，年轻的卡马特不知道自己究竟能走多远，为此，她在相当长一段时间内感到莫名的压力。直到她偶然与叔叔的一次不经意的交谈，使她对自己的人生有了重新的定位。

卡马特的叔叔库尔卡尼教授（Prof. S.S. Kulkarni）是印度教育技术领域的奠基人，被称作教育技术之父（Father of Educational Technology in India）。他早年毕业于美国珀杜大学，先后在心理测量学、教育技术学和程式化学习（后来被称为程式化教学）等领域作出了突出的贡献。卡马特在提到他的叔父的时候说，“他是一位伟大的教师”，他在教育技术领域的杰出成就深深地影响了卡马特的人生选择。

叔叔对于教育技术领域的精辟见解使正处于人生彷徨期的卡马特幡然领悟，要想如父亲一般实现自己的人生价值，除了医疗，教育也是解除人民疾苦的良方，并且是可以彻底根治的方法，她第一次在医疗行业之外找到了在未来有可能与父亲成就比肩的道路。通过叔叔的讲解，她第一次听到了教育技术的概念，第一次知道了新技术的运用可以提高教育工作的效率，为更多的人提供受教育的机会。卡马特因此调整了自己的职业理想，从医生转而投身教育领域，并立志要在教育技术领域作出成绩。正如她自己所言，“我因为听了他的教导，今天才可以坐在这里，并且创建了我自己的教育科技研究领域”。

1977年，卡马特以一流的成绩获得了孟买大学的教育学硕士学位，这时的她对未来的职业已经有了一个清晰的轮廓，她不再彷徨，而是循着自己的兴趣继续前行，在孟买大学继续攻读博士学位，研究领域为自体感受。在这里，她遇到了自己学术上的导师普拉提帕·德欧教授。德欧教授是孟买大学教育系主任、富布莱特学者，是印度杰出的教育家。在谈到对其人生影响最大的几个人时，卡马特提到两个人，一位是自己的叔叔库尔卡尼教授，另一位就是自己的博士生导师德欧教授。在形容自己的导师时，卡马特说，“德欧”在马拉地语和梵语中的意思是上帝，而她也的确无愧于这样一个姓氏，她是一位德行高尚的学者，是一个真正的科研工作者，是一个伟大的统计学家。普拉提帕·德欧教授在学术方面向卡马特教授了大量前沿理论和实证的研究方法，这些学术范式对其后期为印度本土及其他国际组织所做的研究项目打下了坚实的基础。正如卡马特本人所说，“我拜服在大师的脚下匍匐前行”。作为其学业的延续，卡马特进行了对少年犯拘留所学生的研究，旨在通过教育促进他们自我认知。1987年，这项研究使她获得了由国家教育研究和培训委员会（NCERT）颁发的奖项。1986年，她获得最后一个学位——SNDT女子大学社会学硕士学位，至此，卡马特成为三所著名大学的校友。

婚姻和家庭是影响女性事业发展的两个重要因素，我因此也对卡马特的个人生活提出了一些问题。卡马特校长并不赞同婚姻和家庭会对女性的工作产生负面影响，相反，来自家庭的温暖和支持会成为个人奋斗前行的一个绝好的动力。她说自己没有结婚，但是多年来一直生活在一个团结和睦的大家庭里，她同父母以及弟弟一家居住在一块，彼此相处十分融洽。卡马特认为，家庭的概念不一定就特指婚姻，还可以是由父母双亲、兄弟姐妹以及他们的孩子组成，“我同我的外甥和外甥女在一起时感到非常幸福。”卡马特校长有一个哥哥、一个弟弟和一个妹妹，并且他们无一例外地在自己的专业领域颇有建树。卡马特同她的兄弟姐妹一起在一个非常宽松而健康的环境中长大，在人生的道路上互相扶持。

三、投身教育事业的职业生涯

时光荏苒，岁月如梭，转眼间四十年过去了，当年那个意气风发的少年如今也已两鬓添霜，唯一不变的只有年少时的梦想。是的，卡马特一直在努力，四十年来，在学校教育、教师教育、公开及远程教育以及女子教育领域都留下了她的足迹，为惠及亿万人的教育事业贡献了一些自己的力量。

卡马特的职业生涯开启于1971年，那时她刚刚完成在浦那大学的本科阶段学习，获得了化学学士学位。大学毕业时，卡马特已经笃定了从事教师这份职业的决心，并在葛卡乐社会教育学院找到了一份讲师的工作。

在葛卡乐社会教育学院工作期间，卡马特已经开始参与教师职业发展计划的相关工作，在作为教育技术专家的叔叔的影响下，此时的她已经开始注意发掘和利用信息与通信技术等最新的科技手段帮助工作，经常提出自己独到的见解和构想。就当时的社会环境和科技发展水平而言，并非所有人都相信信息与通信技术（ICT）可以在教育改革中发挥重要作用，但卡马特在工作中敏锐地捕捉到了它的能量，并相信ICT将成为变革当前教育发展现状的一股重要力量，它的潜力应当得到充分的利用。

在此期间，卡马特以一流的成绩获得了孟买大学教育学的硕士学位，并在此继续攻读博士学位，研究领域为自体感受。1983年，卡马特完成了博士阶段的学习，以助理教授的身份加入了SNDT女子大学的PVDT学院。

卡马特在谈及教育对印度女性的社会地位和观念的影响时说，印度在全球范围内已开展多项研究，其结果显示，随着女性受教育程度的提高，其决策参与度也会增加。知识女性越来越多地成为专家，并参与到决策过程中。现在，村级议会有一半的代表席位给予女性，而我们也注意到，许多知识女性承担起发展自己家乡的责任。

多年从事教育工作的积累以及个人的勤奋和努力，使她很快从年轻的助教中脱颖而出，1986年12月，她成为SNDT女子大学教育技术系主任。作为主任，卡马特进行了多项创新。她的主要工作内容是教育信息与通信技术，由她设计和开设的网络课程，成为网络化学习教学设计的培训课程的典范。她领导了这一领域的研究和学习，并曾担任许多网络开发项目的科研项目总监。

印度的计算机信息技术产业非常发达，是仅次于美国的软件大国，卡马特敏锐地捕捉到了网络与计算机应用技术对于教育的功用，得以将信息技术广泛应用于远程教育领域。SNDT女子大学是印度第一所提供网上教学课程的大学，学校在许多学科、专业上设置了远程教育课程，提供了诸如教育技术硕士学位、计算机教育技术应用硕士学位以及教育技术（教师教育方向）博士学位等远程教育学位获取途径，而这些都是在卡马特的领导下引进和开设的。教育技术系（Department of Education Technology，简称DET）与印度国内以及国际上许多组织都建立了联系。DET在大学教育诸如教学、培训、研究、发展和拓展等各个方面都成绩显著。

虽然承担着繁重的教学管理工作，但卡马特从未放弃教室和讲台。十几年来，她指导了100多名硕士研究生（教育学及哲学硕士）科学研究，曾有9名学生申请攻读她的博士研究生，现在也有超过4名学生做她的在职研究生。她培养的学生遍布各行各业，作为一名老师，她桃李满天下，虽然教书育人本就艰辛，但也令她的人生感到非常的充实和满足。

卡马特是教师教学（多种）方法培训课程的带头人。她发明了“无演讲方案”，这一方案要求教师在课堂上用结构主义方法“教学”，而不是进行演讲。在日常教学中，她坚信学习中的建构方法。她认为，知识不同于信息，是不能被转移的（信息却可以），知识需要由学习者自己构造。因此，学生不应为抽象的信息所累，而是应该掌握建造、创造和合作创造知识的方法，以及分享知识的工具。

由于在SNDT女子大学的出色工作，卡马特后来被中央教育技术协会任命为联合理事。中央教育技术协会隶属于位于首都新德里的国家教育研究和培训委员会，是国内教育技术领域的顶尖机构，也是国家教育研究和培训委员会的组成机构。在联合理事的任期内，卡马特把中央教育技术协会的各项工作推上了新的高峰。她主导了印度教育系统信息与通信技术政策的制订，并为这项惠及印度上亿民众受教育权的政策积极征求各方意见，她召集印度各界参加政策意见的讨论，包括人力资源与开发部、学校教育部全体成员的意见，得到了学校教育部古提亚主席（后成为学校教育部联合秘书）的支持，在听取了各方意见后，她起草了政策草案。

印度政府希望借助（ICT）大力推进远程和开放式教育，因此，将ICT整合运用到学校教育和教师教育中，如今成为一项优先选择。多年来从事教育技术研究和开发的卡马特，在教师教育领域内的ICT运用方面作出了极大贡献。

卡马特在担任人力资源与开发部的课程监测和评估组成员期间，负责评估来自印度各邦关于ICT输入的提案。她因此协助人力资源与开发部拟定了“ICT学校计划”，这是一项价值630亿卢比的计划，是应对教育资源短缺的一项新方针。另外，在她的积极倡导和努力下，人力资源与开发部设立了多个有关ICT的专业委员会，并成为这几个委员会的主席和成员。

当受邀回到SNDT女子大学担任副校长时，卡马特已经是教育界非常富有声望的人物。她高兴地说：“我在SNDT女子大学工作已有20多年了。我认为作为印度乃至东南亚第一所女子大学，SNDT非常有潜力成为一所世界级大学。如果能有幸领导这所优秀的院校，我将会竭尽全力实现这一点。当我获得这个职位时，我很开心地接受了。”

成为一名大学的副校长对卡马特而言挑战很多。SNDT是一所拥有全印招生权的大学。在印度，许多大学只有两个地区的招生权，而SNDT却拥有28个邦和7个联邦区的招生权，也就是说，SNDT女子大学面向全国各地招生。巨大的招生规模给学校的管理特别是人才培养方面带来巨大的挑战。

卡马特看中了这所大学的女性特质，也就是说，SNDT是一所旨在为全国女性服务、为她们提供高质量的教育机会、使她们自立自强的女子大学，这使得身为女性、并始终坚定地站在妇女平等与解放立场上的卡马特，深爱这所学校，深爱这里的每一寸土地和每一个人。而她也知道，在这所大学担任副校长以后，她未来要不断为女性同胞开发和更新相关的课程，指导她们达到国际水平的研究，为各类研究项目寻找投资。作为一所拥有全印招生权的邦级大学，这样的身份使学校能够从邦政府和印度政府的大学基金委员会得到拨款，但这些拨款是远远不够的，学校仍需要寻找慈善家为项目进行投资，这也是卡马特工作中面临的最为重要的挑战之一。而ICT整合也是她未来工作的着眼点和重点。

回到SNDT后，卡马特与印度的多所大学展开了紧密合作，并为这些学校研发了本科、硕士和博士教育学课程的自学。同时她也曾作为咨询委员会的成员，为公立大学、公共教育联盟以及国家教学协会服务过。

她曾为国内和国际组织机构指导过多项主题研究。作为项目总监，她以印度四个邦的地区教育与培训机构为研究对象，为联合国儿童基金会进行了完整的评估研究，其科研成果备受赞誉。另外，她还为包括联合国开发计划署、世界银行、联合国儿童基金会等在内的多个国际组织进行过教育科技领域的研究。

在国际交流与合作领域，玛特多次出访，将SNDT女子大学的声音和影响带到世界各地，孟加拉国、新加坡、泰国、中国、印度尼西亚、马来西亚、法国、比利时、荷兰、毛里求斯、加拿大、美国以及中国香港等国家和地区都留下了她的足迹。作为全印教育技术联盟的地区秘书，她也曾组织召开多次国家级和国际水平的年会。她有多本著作、专著和研究论文。在卡马特的努力下，SNDT女子大学与加拿大学习协会、加拿大里贾纳大学、毛里求斯教育学会等组织建立了紧密联系，她坚信通过共同研究与合作，高等教育的全球化与国际化必定能成功实现。

当问起SNDT与其他女子大学及传统大学的区别时，卡马特认为，在这个全球化的世界上，SNDT作为一所女子大学，更关注的是女性问题。这也是学校设立三门专为女性设计的本科课程（两门设在大一，一门设在大二）的原因，这些课程会使她们关注一些重要的女性问题。同时，学校还开设了一门仅为该校所有的网络化学习和教学设计的硕士课程，研发了家政学、技术、管理、教育、护理和其他非常特别的课程。同中国的许多高校一样，SNDT也有女性学习研究中心，那里提供了大量有关女性问题的研究材料和参考材料。在学校的运行管理中卡马特喜欢亲历亲为，她称之为"参与式管理"，即深入教师队伍和校委会成员中间去参与决策过程。

一路走来，当她为了所钟爱的教育事业疾驰在人生的高速路上时，她常常因为前方的荆棘密布而忘记了自己也曾是一个胆怯和懦弱的女子，更多时候，来自女性的柔韧使她义无反顾、勇往直前。作为女性领导者的宽厚和细腻是天性使然，而这也为她赢得了更多的理解与支持。当她回首这几十年的教育生涯时，她对自己的学生满怀责任和挚爱，对曾经帮助、扶持过自己的师长和亲友怀有深切的感激。而这些，只是卡马特校长偶然向我打开的一扇窗。

半生忙四季　师者尽流芳

——记柬埔寨王家科学院院长克洛提达

张艳萍

跟柬埔寨王家科学院院长克洛提达女士约好在三月末的一个上午见面采访。三月的柬埔寨是一年当中旱季里最炎热的开始。柬埔寨90%以上的国民信仰佛教，以信奉上部座佛教为主。所以，柬埔寨民众的生老病死、喜怒哀乐等生活的点点滴滴都与佛教有着紧密的联系。此外还有信仰伊斯兰教的占族人、信仰天主教的少数民众。柬埔寨，古时称高棉，高棉族是柬埔寨主体民族，占总人口的80%。除了高棉族之外，华人华侨也是国家经济社会发展的主要推动力之一。这样一个多民族、多宗教水乳交融的和谐社会是推动柬埔寨不断发展的社会根基。

柬埔寨王家科学院的克洛提达院长就是这样一位纯正的高棉族后裔，一位以自己的民族为骄傲，以传播民族文化为己任，孜孜不倦地教书育人的七十岁老人。走进克洛提达院长的办公室，进入眼帘的首先是满屋子的书籍，屋子四面墙壁的立柜里全是书本，屋子的中央也是一摞摞摆放整齐的著作。而屋内一隅之地的办公桌，就是她工作的地方。除了每天正常的行政工作、必要的国事外事活动之外，克洛提达更喜欢待在这个完全属于自己的一方天地里埋头苦读，集册成书。

从1995年出版第一本著作以来，克洛提达已经出版发行关于佛教、哲学、法律和饮食等方面的30多本著作。而这些著作对她而言，并非主业，她认为自己最主要的工作还是教书育人，通过自己的教书工作，把自己所学传播出去，把高棉文化传播出去，让更多的柬埔寨人能够更深刻地了解自己的民族和文化。

克洛提达说，虽然1991年取得全面和平之后，柬埔寨王国政府举全国之力兴办教育，但是，由于刚从战乱中走出来的柬埔寨民困国贫，对教育投入非常有限。所以，国民的受教育程度还相对较低。虽然柬埔寨幼儿教育、初等教育、中等教育、高等教育、教师培训等各方面在一定程度上都取得了进步，但是仍有很多不足之处。

而对于经历了长期内战、饱经沧桑的文明古国来说，想要大踏步赶上世界步伐，提高接受高等教育学生的数量和质量，至关重要。截至2013年6月，柬埔寨全国拥有高校105所，在校大学生约为25万人。高等教育面临的问题在于学科教育如何与人才市场需求挂钩，如何培养社会需要的人才，提高毕业生就业率。克洛提达表示，柬埔寨在教育方面取得的成绩是王国政府重视“教育兴国”方针政策的结果。但是缺乏教师人才队伍，教学设施、教科读物、科学实验室、电脑室和图书馆等资源严重匮乏，都是柬埔寨教育事业面临的难题。尤其是她所在的柬埔寨王家科学院，这个培养国家高级人才的教育单位也面临类似的窘境，亟待解决。

柬埔寨王家科学院是1965年由国王签署王令宣布建立的，但是由于当时柬埔寨经济条件有限，以及连绵不断的内战，使得旨在建立以研究、传播和创新高棉文化的学术机构变成了一纸空文。直到1999年6月11日，国王再次签署王令，柬埔寨王家科学院才得以真正建立。

柬埔寨王家科学院建立之初，只有文化艺术学院、人文和社会学院、生命医学和农学院，以及科学技术学院等4个研究院，最初的使命是培养柬埔寨第一批硕士研究生，因为在那之前，柬埔寨历史上从未自己培养过硕士研究生。随着学校发展，柬埔寨王家科学院又增加了民族语言学院和国际关系学院。在这6个研究院里一共设置了32个不同门类的研究所。此外还建立亚洲研究中心，英语高棉语和印度语中心，孔子文化中心以及传媒中心等4个研究中心。2009年，柬埔寨王家科学院开设博士研究生课程。

对于柬埔寨王家科学院的这些历程，克洛提达如数家珍。2000年在这里担任人文社会科学院副院长以来，她就把柬埔寨王家科学院当作自己的家、自己的孩子一样，倾注了所有的情感与心血。在她所带的研究生里，每一个学生的学术报告、毕业论文都是她自己逐字审阅、亲自修改的。正是凭借对研究工作的投入、对学生的负责任态度以及在学术研究上取得的有目共睹的成果，在她为柬埔寨王家科学院服务的第七个年头，克洛提达当选了柬埔寨王家科学院的院长。

当选柬埔寨王家科学院院长之后，社会工作变得越来越多，但是她依然不忘初心，每年坚持担任哲学、宗教学（佛学）和法律学三个学科博士研究生导师。在问及为什么现在职务更高、工作更多、年纪更大时，她却还坚守在教学岗位，她说，时不我待，我必须与时间赛跑。

克洛提达是医科出身，1963年从护理专业毕业，实现了她治病救人的理想。但是动荡的政局、连绵的内战，让当时这个医学专业的姑娘心里发生了变化。1979年，内战结束之后，她明白了：医生只是医治病人身体的疾病，而佛学、政治、法律，则是学做人、看社会、了解世界的途经。于是，她毅然弃医从文，改学政治和法律。经过一番刻苦学习之后，1995年她获得了哲学博士学位，2005年获得法学博士学位。而当她获得这些学位之时，她已经过了知天命的年龄。所以，现在的她比以往任何时候、比任何人都要珍惜自己的教学岁月。“对学生，倾其所有付出，就是我想做的”。

柬埔寨是一个偏向于“男主外，女主内”的传统社会，在与外界联系时，柬埔寨女性更倾向于隐藏在男性背后，甘当默默无闻的支持者。所以，在柬埔寨的重要社会角色里，女性的身影会比男性相对要少，而克洛提达是这些为数不多的部长级别的女性学者官员，真可谓凤毛麟角。

1946年1月，克洛提达出生在柬埔寨西北部有着“鱼米之乡”美称的菩萨省。

当时柬埔寨的广大农村没有专门提供学习的学校，寺庙是学习文化知识的唯一场所，但是，寺庙不接收女学生。克洛提达为了满足自己学习的愿望，只能坐在寺庙里远离男学生的地方，全神贯注地偷听僧侣传授的课程。到了她更大一些的时候，村里寺庙的课程已经不能满足她对知识的渴求了，于是，从八九岁开始，克洛提达每天坐着父亲的马车去更远的寺庙旁听。

就在她开始接触外面新社会、学习新知识的时候，西哈努克亲王发起一系列抵制法国殖民者、争取柬埔寨完全独立的抗法运动。于是，年幼的克洛提达加入了这场为争取民族独立的斗争，她跟在其他抗法战士后头，跋山涉水、风餐露宿。终于在1953年11月9日，迎来了柬埔寨脱离法国殖民主义统治，获得民族独立的这一天。在寻求民族独立的斗争中，年幼的克洛提达所表现出的聪明与英勇，让首都金边来的一位大姐姐对她爱护有加，这位大姐姐一字一句地教她书写高棉字母。从此，她开始接受正规的教育，开始了她作为高棉杰出女性，一生不寻常的经历。

克洛提达经常给学生讲述自己的成长历程，希望这些成长在和平环境里的学生，尤其是女学生，能够从她前半生个人命运与国家命运相结合的故事里得到启发。克洛提达说 ，高棉民族是一个勤劳、温和的民族，高棉女性更是如此，淳朴、善良、隐忍是她们共有的品质。但是，这并不代表柬埔寨女性无知、不聪明。她说，在给女同学上课时，她常常列举柬埔寨历史上著名女性的故事来鼓励现在的女孩子，希望她们了解自己民族杰出女性的故事，从这些巾帼英雄身上学会如何做一个机智、勇敢的女性。

多年来，克洛提达在柬埔寨国内无数次开班讲课、举办“柬埔寨宗教现状”的论坛，也积极前往法国、日本、越南等国介绍柬埔寨佛教文化、开展宗教交流。

柬埔寨对佛教教义的记载，一是石刻，二是刺刻在贝叶经上，三是僧侣口口相传，由于连年战火纷飞，导致了大量历史资料的遗失，使得柬埔寨对佛教的研究资料极度缺乏。克洛提达当上柬埔寨王家科学院院长之后，工作重心放在收集佛教历史文献上。因为佛教经文一般是用巴利语、梵文书写，而柬埔寨这方面的人才大部分都殒命于连年内战当中。所以，她每年都会在全国各个寺庙中挑选10位德学兼优的僧侣作为佛学博士研究生，安排到柬埔寨王家科学院学习。她积极奔走于印度、斯里兰卡之间，请来印度和斯里兰卡的巴利语、梵文老师对学生进行授课。与此同时，她也通过各种各样的合作方式，把柬埔寨僧侣送到国外去学习、交流佛学知识。

她希望这些僧侣能够学有所成，在研究、保护和发展柬埔寨佛教文化的过程中起到中流砥柱的作用。克洛提达院长说，佛教是柬埔寨的国教，是柬埔寨高棉民族的信仰。一个没有信仰的民族，是没有希望的民族。虽然柬埔寨从战争的废墟中站起来才三十多年，但是在全球金融危机的背景下，柬埔寨的经济依然可以以平均每年7%的增速发展着，这得益于这个国家的人民强大的凝聚力，一个拥有精神、拥有灵魂的民族，将来一定发展得很好。

在采访的过程当中，克洛提达曾几次提到她最推崇的哲学家——苏格拉底，而在苏格拉底众多的名言当中，她最推崇也是最感同身受的一句话是：我只知道一件事情，那就是我一无所知。

却顾所来径 苍苍横翠微

——记挪威奥斯陆大学学院校长西塞尔·奥斯伯格

李汇群

西塞尔·奥斯伯格出生于1949年，1999年获得英国华威大学宗教学博士学位，于2007—2011年间担任奥斯陆大学学院校长。

考虑到访谈后续整理需要，笔者在最初开始访谈时，即询问西塞尔女士，能否提供一些个人照片或者资料，却被她婉言谢绝。她希望能多聊一些工作方面的话题，对于个人生活方面，不想涉及太多。挪威女性对于公共生活和个人生活的严格区分，也可略见一斑。

1979年大学毕业后，西塞尔进入中学教书，成为一名中学老师。1983年，她在奥斯陆的一个学校里，开始从事一份关于教师职业培训的工作，并在这个学校里工作了20年。2003年，这个学校被合并到奥斯陆大学学院，她因此得以进入奥斯陆大学学院中工作。在漫长的职业生涯中，她从助理教授做起，历任副教授、教授。由于挪威的学校鼓励教师发挥学术自主能动性，她曾经在学校教授多门课程，学科背景涉及教育学、历史学、文学和哲学等。

西塞尔特别提到，1980年之后，大量来自巴基斯坦、孟加拉等国的移民来到奥斯陆，这些家庭里的孩子具有不同的文化背景，需要在第二故乡经历艰难的适应过程。她非常关注这些现象，希望能通过自己的学术研究，为这些孩子做些力所能及的事情。由此，她的研究方向逐渐转向宗教方面，并以此为研究课题，在英国华威大学完成了博士论文写作。2003年，她当选为奥斯陆大学学院教育系主任，并在这个岗位上度过了四年时间。2007年，她成为奥斯陆大学学院的校长，并一直工作至今。她着重强调，在任职校长期间，她最重视两方面的工作：一是推进学校的国际化，二是致力于学科的发展和科研的壮大。

谈及学校规模时，西塞尔自豪地说“我们学校现在有13000名学生，是奥斯陆最大的大学学院。在过去三年里，我们曾经合并过一所学校。目前，学校正打算合并另一所学校，那个学校里有4000名学生，合起来就会有17000人。在未来五年里，学校发展会进入一个新阶段。其实，学生规模最好控制在15000—20000人，最重要的是要有配套的高质量的师资和教育”。奥斯陆大学学院主要从事职业高等教育，如培养传媒、医护、工程等方面的人才。“我们在为社会培养需要的人才，也希望政府能够给我们更多资助。因为我们学校的主要经费来源是政府财政，所以我们的工作做得越多，从政府得到的资助也就会越多。可现在的一个问题是，我们学校的地方不够，不得不租借更多的场地。”

说到这里，西塞尔停了下来，从书架上抽出一本书拿给笔者。她介绍这本书是关于奥斯陆大学学院校史的书，记述了学校的发展历程，书中的大量图片对学校的主要建筑作了介绍。西塞尔说：“目前奥斯陆大学学院正逐渐向市中心聚集，这吸引了许多学生来申请入学。但是，学院今后的发展方向，不应该是继续拓展规模，而应该是提升教育质量。学校的另一个特点是提供多元文化背景的教育，为学生创造国际化的环境。现在，越来越多的奥斯陆年轻人来自其他国家或地区，约40%的奥斯陆年轻人具有不同的文化背景，这对我们的学校教育提出了相当大的挑战，我们需要为学生提供最大程度的国际化教育。学校启动了一个为期四年的计划，争取从科研和行政两方面为学校国际化做好服务。比如，我们投入大量资金，资助近140个项目进行多元文化研究；在图书馆里，为指导学生的学习和实践，我们设置了多个工作组；对于那些不熟悉挪威语的学生，我们还专门开设挪威语言的学习和写作课程。”

在介绍学校基本情况时，西塞尔特意指着有学院校史那本书中的一张图，充满感情地说“这是我的办公室，我曾经在那里度过了很难忘的一段时光”。从她的话语中，不难听出，作为一位即将离任的校长，她对学校充满了依依惜别的惆怅和恋恋难舍的记忆。

为学校工作和奉献了多年的女校长，对于女性和校长身份如何结合这个话题，会有何感受及见解呢？笔者首先问：“奥斯陆大学学院有多少教职工？其中女性的比例又占到多少？”西塞尔略为思考后回答：“学校有1200名左右教职工，其中，70%是女教职工。

这主要是因为奥斯陆大学学院以职业教育为主，培养教师、医护人员、健康服务人员和社会工作服务人员等，在这些行业里，往往以女性从业者居多，因此女性教职员工的比例比较高。而在工程等专业，男性教职工要更多一些。奥斯陆大学学院在性别平等方面做得相当不错，就教授级别而言，56%的教授都是女性。从领导者的比例来看，我本人是女性，其他学校高层以及院系的主任等，大多数也都是女性。一般来说，在高校以及其他机构中，越到高层，女性的比例就会越少，而男性的比例会相应升高。正是从这点上，客观来看，我认为奥斯陆大学学院的性别平等状况还是不错的。”

笔者继续问：“既然在奥斯陆大学学院里，女性教职工有如此之高的比例，那么作为女校长，您在处理人际关系，比如和学生、同事关系方面，有什么独特的体会和经验吗？”听完问题后，西塞尔沉吟了几秒钟，随即抬头，带着几分调皮的神情向笔者说：“你知道的，从个人的角度来说，我没有办法和别人进行比较。因为我不是男校长，所以我并不了解男校长如果处在这样的位置上，会有怎样的想法，我只能从自己出发，谈一些自己的感受。”她抬起双手，在胸前比划，继续谈这个话题：“在我看来，奥斯陆大学学院更适合有一位女校长，因为在这个学校里，女性教职工占据绝对优势。在高层领导位置上的人如果是男性，双方可能会在沟通上存在一些问题。所以在我当选校长后，学校里许多女性很高兴，她们非常开心，能够有一位女校长。”说到这儿，西塞尔又停顿了，一丝坚毅的表情浮现在她的面容上，她坚定有力地说：“我认为坚持做自己非常重要。我没有遇到过太多的麻烦。我个人同时担任挪威大学联盟协会的副会长，这是挪威所有大学和学院的联盟。在挪威，女性成为大学校长的现象比较少见，高校领导层中，常常被男性占据。所以，很多时候，我和我的同僚们，需要和男性领导打交道。可能在沟通上，需要委婉一些，不要太直接了。除此之外，我并未觉得女校长有何独特的体会或感受。”

笔者又问：“在挪威的大学里，女校长的比例大概占到多少呢？”西塞尔想了想，并未直接回答比例，而是说：“挪威的8所大学中，有两位女校长，6位男校长。在18所大学学院中，大概有五六位女校长，其余的都是男性。在过去四年里，不管是大学还是大学学院，女校长的比例都在不断上升，这显然是一种进步。但是，那两位大学的女校长，都是新近升格的。至于那些资历深厚的老牌大学，校长都是男性。”

看到她谈兴正浓，笔者向她讲到了此前在冰岛大学采访的经历。冰岛大学克里斯汀校长非常优雅和蔼，但在采访过程中，却有冰岛大学的教师说校长有时候会相当严厉。笔者由此及彼，想到面前这位同样优雅得体的女校长是否也会收获“严厉”的评价，于是问“您平时在工作中，是如何控制情绪的呢？比如说，如果有些人或者事情，让您觉得不那么舒服，您会怎样处理呢？”

西塞尔女士听罢，微笑道：“这个问题很有意思。通常情况下，我比较平和，但有时候遇到某些事情，也需要控制自己。比如说，有一次学校涉及合并另一个学校，我们的校董事会意见不一，反对的声音很高，沟通起来非常困难。在这个过程中，我有几次发火失态，我是个温和的人，但遇到大事时会强硬。不过，我不是颐指气使的人，也懂得必要的妥协。但是学院合并是很重要的大事，所以尽管反对意见很大，我也不会放弃。”笔者借此问：“这样说来，您在决策过程中，还是比较强硬吧？”西塞尔想了想，回答道：“我是那个最后作决定的人。但是，产生决定的过程，是各方沟通的过程。比如说学校想做某件事情，肯定会在各个院系中进行讨论、沟通，其中会有不同声音，但那没关系，大家都来表达观点和意见。我最后会作出决定，但这个决定，是在各方充分沟通、相互妥协的基础上达成的决定。”

笔者表示理解地回应：“我能充分理解。作为女校长，有时候要将优雅的女性和坚定的决策者两个角色集于一身，的确不是件容易的事情。”西塞尔摇头说：“不，我不认为这和性别有关。不论是男校长还是女校长，都要倾听别人的意见。然后作出决定，这个过程中有妥协，有平衡。可能有时候，女校长更容易被别人接受，但女校长如果表现得过于强硬，也更容易招致批评。但总的来说，这可能更多涉及个人性格和特质，和性别的关系不大。我比较有决断力，当问题出现时，我能快速分析，并作出决定。就我个人而言，无论情况多么紧张，我都不会失去理智”。

顺着她的话，笔者又问：“作为女校长，您认为女领导在工作中是否具有一些优势呢？”西塞尔想了一会儿，回答说：“在我看来，男领导和女领导谁更好，这的确不太好说，可能更多的还是取决于个人性格。在这个学校里，教职工和学生中，女性占据绝大多数，她们可能会觉得和女校长更好沟通。但是，事情往往也存在着另一方面，也可能有人希望能够在男领导的管理之下。作为校长，其实需要的是多方面的能力。在我之前，学校曾经有过两任校长，管理风格迥异，我也不像他们中的任何一位。”

接下来笔者将话题转向了她的学术研究，希望她能更多介绍学术方面的经历和体验。

西塞尔说："2008—2010年，我参与了一个项目，研究语言对年轻移民人群的影响，比如观察语言在幼儿园里发挥的功能和作用，我根据实际调查撰写了一份研究报告，可惜是挪威语的，无法给你提供更多直观的感受。但是我把这份报告提交给了挪威政府，提醒政府关注这方面的现象，希望能够对政策制定有所帮助。挪威有很多年轻人是移民，具有其他文化背景。也有一些年轻人出生在挪威，但父母是移民，他们在家庭中会受到其他语言和文化的影响。在挪威，有大量移民来自亚洲和非洲。""挪威有许多巴基斯坦移民，他们的父母或者祖父母还在巴基斯坦，有时候他们需要回去待上一两年，然后又回挪威。在这个过程中，他们会带上自己的小孩。那些小孩原本是在挪威接受教育，但不得不跟随父母回到巴基斯坦再进行一两年的学习，我们有项研究，就是专门分析这种迁徙对儿童教育产生的影响。"

西塞尔的研究引起了笔者的兴趣："挪威究竟有多少移民呢？"西塞尔说："我也没有非常精确的数据。大约10%—14%的挪威人有移民背景，大部分都集中在奥斯陆。在奥斯陆大学学院，18%的学生有移民背景。移民给挪威带来的影响主要有两个方面：一方面，移民能丰富挪威的文化，这是积极的；另一方面，也有很多问题，比如说移民找不到工作或是只能从事低端的工作，不能很好地融入当地，相对来说，这些都是消极现象。不过，现在很多父母，自己是移民，在孩子很小的时候就把他们送进幼儿园，接受挪威教育，这是很积极的。这些小孩能够学习挪威语言，接触挪威本地人，从而能更好地融入挪威，这对于他们未来发展都是有帮助的。

作为移民子女，如果能在学校教育中成功，就会为他们进入就业市场打下良好的基础，带来大量的发展机会。”

笔者向她介绍：“在一些亚洲国家，如中国、印度、巴基斯坦等，都普遍重视教育，民众往往将教育视为改变社会地位的唯一途径。与此略有不同，在欧洲尤其是比较发达的西欧国家，人们似乎并不会将教育抬到如此之高的位置。挪威是非常发达的国家，又是怎样看待教育和社会地位之间的关系呢？”西塞尔沉思了一下，回答说：“我对教育的重视，带有自己的经验。我的父母是第一代移民，没有受过特别好的教育，所以他们非常看重孩子的教育，这种看法影响了我。在挪威，就经济实力而言，大学教授的收入比不上成功的商业人士。如果人们想要有更高的收入，还是会选择会从商，而不是留在学校里教书。这是客观的事实。”

采访接近尾声，笔者又将话题转到西塞尔的博士论文上。说到她的博士论文《挪威的巴基斯坦儿童的多元文化语境与伊斯兰情结》，西塞尔女士立刻变得兴致勃勃，看来她虽然因为担任校长职务而不得不暂时放下学术研究，但内心深处，仍然保留着学者对于学术的热情。她告诉笔者，博士论文完成于1999年，之后在2003年出版了英文版。笔者询问她博士论文的创新发现是什么？西塞尔回答说：“在研究过程中，我发现那些移民到挪威的巴基斯坦年轻人，他们发展了一种将挪威文化和穆斯林文化结合起来的多元文化。一方面，他们认同自己是挪威人，有自己的朋友和生活圈，也接受挪威文化。另一方面，他们的父母以及原有的圈子，提醒着他们本身的穆斯林身份。他们把这两方面的影响结合得很好，并且发展出来一种全新的双重身份。”听到此处，笔者想起了那些移民美国的华人，他们的状况和这些挪威的巴基斯坦移民何其相似。于是，笔者向西塞尔介绍了美国华人，包括ABC的称呼、banana的绰号。看到西塞尔不解banana之意，笔者解释说："香蕉的表皮是黄色，就像华人的肤色。内核是白色，就像华裔移民的内心逐渐认同美国主流白人文化。所以黄皮白心，是人们形容美国华人在双重文化影响下的状态。"这个有趣的比喻让西塞尔绽放了灿烂的笑容，笔者也借机向她建议，如果有兴趣和时间，以后不妨作一些关于移民的比较研究，如挪威的巴基斯坦移民和美国的华人移民对比，就是很有趣的题目，她也微笑着表示赞同。随后，西塞尔向笔者提到："其实每个人都有身份认同的问题，人的身份随着环境而不断变化。我曾研究过，'9·11'事件后，西方对穆斯林充满敌意，使他们的处境更为艰难。有些年轻的移民感受到周围环境对他们穆斯林身份的敌意，使得他们以一种更加极端的形式来反击。这让我开始更深地思考移民和文化冲突、文化融合之间的问题。"

这位女校长在谈到她的学术研究时是如此神采飞扬，笔者忍不住问："为什么会选择这样深刻的题目来进行研究呢？是不是因为内心存在着相当的激情和动力？"西塞尔哈哈大笑道："或许是这样吧。我从小就喜欢哲学，喜欢思考。我的父母总是带我去教堂，但我们家人算不上真正意义上的基督徒。不过，在我14—16岁的时候，这毕竟为我接触并信仰基督教提供了条件。在十八九岁的时候，周围生活的环境似乎变得比较狭窄了，这让我转向哲学寻找更多空间。我对哲学很有兴趣，我认为哲学能够提供给人多元的思路和丰富的思考。"

在笔者开始采访之前，西塞尔即明确表示，由于日程安排，只能给笔者一个小时的采访时间。虽然此时和她相谈融洽，笔者也意识到应该遵守时间规定，于是问了她最后一个问题：“校长的工作都是非常繁忙的，请问您是怎样平衡工作和研究的关系的呢？”听完这个问题，西塞尔女士轻轻叹气，耸耸肩说：“事实上，当校长后，我没有太多时间进行科研，这是没有办法的事情。对我自己来说，从校长职务上退下来后，我应该将更多的精力和时间投入感兴趣的研究。”难得这位女校长坦诚相告，看来在科研和行政工作平衡方面，外国的大学校长也和中国的校长一样，面临着同样的挑战。

在这短短接触的时间里，西塞尔表达了她对教育的看法，对女性领导力的见解，以及对学术的热诚。她以坦诚的沟通方式和优雅的风度举止，让笔者感受到这位女校长身上非凡的人格魅力。

女性通向卓越之路

——记瑞典三位大学女校长

韩运荣

瑞典，900多万人口的小国，国家竞争力却在世界上名列前茅，拥有20多个著名的跨国公司，更让人津津乐道的是那令人羡慕的福利制度。人们经常会想，瑞典为什么会有那么多优势？当我有幸与瑞典的三位大学女校长近距离接触时，三位杰出的女性又为我打开了理解瑞典的一扇窗……

这三位女校长分别是：卡尔斯塔德大学前校长克里斯蒂娜·乌莱纽斯（Christina Ullenius），卡尔斯塔德大学校长克斯汀·诺恩

(Kerstin Noren)和卡罗琳斯卡医学院校长海瑞克森(Harriet Wallberg-Henriksson)。

一、克里斯蒂娜：引领卡尔斯塔德大学的转型

克里斯蒂娜，瑞典卡尔斯塔德大学前校长(于1995—2007年任职)，既是一名化学工程师，又是一位科学家，是瑞典皇家工程科学院的院士。

克里斯蒂娜出生在瑞典卡尔斯塔德，直到19岁时因求学离开家长。儿时的克里斯蒂娜，可爱动人，对万事万物都充满着无穷的兴趣。年幼时，每每看到火车在山谷中呼啸而过，克里斯蒂娜都激动不已，她跳跃着，奔跑着，顺着山谷追逐火车。哦，火车看上去如此强大！于是，一个梦想在小克里斯蒂娜心灵深处萌芽了，她盼望着有朝一日，自己能成为火车工程师，开上神奇的火车。

不幸的是，克里斯蒂娜12岁时，父亲去世，父亲的离去极大地影响了一家人的生活。克里斯蒂娜早早懂得了自我奋斗。高中毕业时，克里斯蒂娜告诉老师，自己更有兴趣攻读工程学学位，老师不无诧异地说："你真的想做这份工作？" 这不是什么悦耳的鼓励，因为在20世纪60年代，女性一般都是家庭主妇，人们还不期望她们去外面工作，更甭提工程师了。但是，克里斯蒂娜却坚持自己的梦想，19岁那年，她离开家乡，到位于斯德哥尔摩的瑞典皇家理工学院深造。

1967年，瑞典皇家理工学院几乎没有女学生，但克里斯蒂娜却在化学工程系以优异的成绩拿到了工程学硕士学位。更令克里斯蒂娜开心的是，在皇家理工大学读书期间，她遇到了她现在的丈夫，

查尔姆斯理工大学一位温文尔雅的教授，他们在1965年结婚了。可以想象，那是一个充满了智力挑战，又充满了幸福感的环境。后来她申请了位于哥德堡的瑞典查尔姆斯理工大学的博士学位，并于1973年获得工程学博士学位，在此之前，瑞典只有6位女性获得过工程学博士学位。

期间，频繁的国外访学经历，既开阔了她的学术视野，又丰富了她的人生阅历。1969年克里斯蒂娜到莫斯科苏联学院元素有机化学研究所工作了一段时间，1971—1972年在美国俄勒冈大学化学系工作，1981—1982年又到普林斯顿大学化学系访学。国外访学岁月无疑对克里斯蒂娜的化学研究非常有益，她把研究成果带回瑞典，使学术研究得到进一步提升。与此同时，她也深切地感悟到，与不同文化背景的人接触，既交了朋友，又给了自己更多理解生活的角度。1980年克里斯蒂娜参加赴华瑞典代表团，到了几个城市，参观了那里的大学、研究所，还参观了当时尚未成为旅游热点的长城。

克里斯蒂娜在查尔姆斯理工大学呆了22年。作为科学家，她的科研成果卓著，在有机化学工程领域占有一席之地；作为教师，她勤勉敬业，工作能力日臻成熟，但最重要的是，在查尔姆斯，克里斯蒂娜得到了发展成为领导的机会。1977年，克里斯蒂娜被提名担任有机化学系的副主任，接下来的若干年，克里斯蒂娜先后担任了不同的领导职务；1989年，她成为查尔姆斯理工大学第一位女性副校长。克里斯蒂娜在查尔姆斯理工大学从事教学、科研多年，其能力广为人知，深受师生赞誉。1994年，克里斯蒂娜被招聘至卡尔斯塔德理工学院担任校长。

作为大学校长，要对学校的预算、资金来源和员工的聘任等负责，当然，最重要的是为学校发展确立战略规划。克里斯蒂娜就任卡尔斯塔德理工学院院长时，这所学校是专业性院校，将其建成综合性大学就成了她的使命。

学校为什么要建成综合性的呢？克里斯蒂娜认为，在一个现代知识经济社会，知识和能力是可持续发展的关键。大学是社会的知识中心，必须要给所在国家、地区的学生提供优质的教育。假如想让卡尔斯塔德理工学院对该地区贡献更大的价值，大学必须敞开学术文化的大门，为不同领域提供接触和合作的机会，通过知识交流，为学校、医院和公司提供合作项目，不仅要促进大学的发展，也要促进社会的发展。正因为如此，只有把卡尔斯塔德理工学院建设成为一所综合性大学，才能跟社会建立起最富有成果的互动。卡尔斯塔德大学应当不断在科研与教学领域创造骄人的成绩，成为一所服务于社会的具有强烈使命感的大学。也只有建设成为一所具有国际地位的学术机构，才能更加开放的姿态与不同地区、国家间建立起联系。

学校的发展愿景一经确立，就须全身心投入，克里斯蒂娜在卡尔斯塔德大学任职的12年，正是整个大学转型的12年。首先，克里斯蒂娜要促使政府在事关大学的政策上引入变革，即允许专业性学院向综合性大学转变。1998年她争取到了国家政策的认可，卡尔斯塔德大学即于1999年建立。实际上，在头4年，克里斯蒂娜一直在游说政府，为大学的转型做准备，接下来的时间里，她一直在募集资金，寻找优秀的员工……

克里斯蒂娜着力建立博士点，虽然募集到了科研和博士教育的资金，也有胜任学术教育的教师，但还要招募新的学术团队来发展和巩固科研，同时还要改变现有教师工作的单一性。长时间以来，优秀的教师队伍分化成两部分，一部分人能应大学的发展之需，愿意也有能力作出改变，进行科研工作；而另一部分人是非常优秀的教师，但不是研究者，他们对这种改变力不从心。

整个转型过程充满了困难和挑战。克里斯蒂娜清醒地意识到，自己之所以能够有效推动卡尔斯塔德大学的转型，跟权力的决策方式不无关系。按传统来说，瑞典大学具有欧洲大学传统的风格，即大学校长、教务长和系主任是由教授选举出来的。这种由同事授权的方式，一定程度上限制了校长的权力。而克里斯蒂娜所在的学校是任命制，学校各级领导由校长任命，其决策权在校长手上，这就产生了更强势的领导，从而在一定程度上为她实施大学转型提供了权力的保障。

作为一名校长，克里斯蒂娜不仅成功地推动了卡尔斯塔德大学的转型，她还主持着瑞典创新局（VINNOVA，是代表瑞典政府构建创新体制的具体执行者）的两个项目委员会；她还曾担任多种要职，包括瑞典国家高等教育部咨询顾问、瑞典研究理事会工程科学委员会主席、瑞典高教协会会长、欧洲大学联合会会长、瑞典防务研究机构董事会主席等等。克里斯蒂娜参与了瑞典大学校长会议和欧洲大学联盟的建立，在这两项工作中，克里斯蒂娜都作出非常重要的贡献。

二、克斯汀：推动博洛尼亚欧洲教育一体化

克斯汀·诺恩，瑞典卡尔斯塔德大学现任校长（自2007年接任

至今)，瑞典语言领域的学术带头人。

1950年，克斯汀出生于瑞典布罗斯。布罗斯天然优美的环境让克斯汀拥有一个快乐、自由的童年。三四岁的时候，克斯汀就经常随爸爸、妈妈和朋友们到河岸边的一座山上滑雪。有一次刚刚下过雪，山坡上白雪皑皑，脚下踏着柔软的白雪，身上披着温暖的阳光，克斯汀感到特别幸福。

事实上，小时候的克斯汀性格有些内向，在外人面前说话都会很羞涩，但她非常喜欢读书。克斯汀写了许多小故事和童话，这些充满幻想的小作品备受老师的赏识，老师让克斯汀在全班同学面前读自己的小故事，克斯汀备受鼓舞，于是，她更加喜欢写，也更加喜欢阅读。中学毕业以后，克斯汀先去当地的一所家政学校学习了半年。结业时，家政学校校长跟克斯汀在内的20个女孩畅谈未来。克斯汀清晰地记得她对自己说过的话：“既然你喜欢读书写作，你就应该去读大学，这对你来说是好事。”也就是从那一刻起，克斯汀树立了去大学读书的梦想。经过不懈努力，克斯汀考上了哥德堡大学，并选择了英语和瑞典语专业。

大学期间，克斯汀如鱼得水，在学习语言的过程中几乎没遇到什么挑战，她非常喜爱大学自由的学习氛围，这还要感谢她遇到的两位恩师。

其中一位恩师很有智慧，擅长解释，在他的启发下，克斯汀学会了提问题。当克斯汀提问题时，他会很有兴趣地听，很认真地跟她解释，为什么你会提这样的问题，你想知道什么。他知识渊博，但不会不懂装懂。恩师为克斯汀打开了思考之窗，令克斯汀获益良多。克斯汀因此也反省，我们的教育确有不妥的地方，大人们总是伪装成懂得一切，给孩子们留下一种印象：大人无所不知，但这样也剥夺了孩子们自己的想象空间。另一位恩师，他既用心教书，又擅长帮助学生解决学习中的问题。他让克斯汀明白，单纯学习语法、规则和背单词是一种错误的学习方式，语言是有规律的，语言很灵活也很生动，它随着人们的使用而发生变化。克斯汀领悟到，跟学习规则相比，沟通更重要。

当学校科研项目主管问有没有合适的学生推荐参与项目时，这两位恩师都推荐克斯汀。这让克斯汀始料未及，十分惊喜，这是克斯汀在大学里得到的第一份工作。恩师的信任改变了克斯汀的人生。1974—1986年，在差不多十二年的时间里，克斯汀给哥德堡大学计算语言学斯图雷教授担任研究助手。因此，她接触到各种各样的科研课题，在诸多困难面前，课题组群策群力共同解决。克斯汀在科研团队中学到了很多，并乐在其中。1986年克斯汀开始攻读博士学位，花了四年的时间写论文。但她认为，虽然有时觉得枯燥无聊，但也正是写论文这段时间对她影响最大，她学会了应该怎样整合一系列的材料，如何解析和处理问题，并真正独立地完成科研课题，她受到更系统的学术训练，她的思维能力得到极大提高。

1997年克斯汀就任斯堪的纳维亚语言系系主任，这也成为她事业中的一个里程碑；2002年克斯汀任哥德堡大学人文学院院长。克斯汀一边在不同的岗位上担任行政管理人员，一边带领科研团队进行了学术研究。2003年，在担任哥德堡大学人文学院院长期间，新校长需要一位副校长，就在所有的二级院系中甄选，最后只剩下克斯汀和另外一位女士，经过校长的亲自考核，最终克斯汀胜出。于是，他们搭档了四年，这四年也是克斯汀接受历练的四年。

2007年，当卡尔斯塔德大学在报纸上登公告，招聘校长时，克斯汀毫不犹豫地申请并参加了组委会的面试。竞聘大学校长是一个非常复杂的过程，竞争很激烈。作为候选人，要面向学生们、教授们、行政管理者和各种团体进行演讲，向大家陈述自己能为大学做些什么，他们会以此为依据进行决定。之后，董事会将这些候选者聚集在一起，再做最后决定。大学里的研究者都有自己专攻的领域，克斯汀也不例外，但如果说，她与其他竞争者有所不同的话，那就是她爱好很广泛，有组织能力，对于如何把人们组织起来发挥作用充满了兴趣。在克斯汀眼里，如果能让有智慧、有知识的人一起工作，其效果要比孤军奋战更有成效。所以，克斯汀相信，集体合作会得到更好的结果。

克斯汀被通知自己是最佳人选，以绝对优势胜出。对于自己的优势，克斯汀还是比较清醒的，自己曾经做过学生代表，对大学很了解；同时又有丰富的行政经验，知道瑞典的大学处于怎样的政治局势中，也明确自己在未来能为大学做什么。不仅仅是在学校工作方面，克斯汀在博洛尼亚欧洲教育一体化进程中也有着杰出表现。

“博洛尼亚进程”是29个欧洲国家于1999年在意大利博洛尼

亚提出的欧洲高等教育改革计划。博洛尼亚大学是大学之母，创建于1088年，在900周年校庆的时候，欧洲各国大学校长聚集在一起，他们想保持大学做研究的自由氛围，整合欧盟的高教资源，打通教育体制。其目标是到2010年，欧洲"博洛尼亚进程"签约国中的任何一个国家的大学毕业生的毕业证书和成绩，都将获得其他签约国家的承认，大学毕业生可以毫无障碍地在其他欧洲国家申请学习硕士阶段的课程或者寻找就业机会，实现欧洲高教和科技一体化，建成欧洲高等教育区，为欧洲一体化进程作出贡献。

克斯汀曾经是这个项目的专家之一，扮演了推动者的角色，她出色的工作受到越来越多的人关注，她成为了这一进程中瑞典国家层面的负责人。"博洛尼亚进程"旨在整个欧洲建立统一的高等教育结构，这一目标在十年内就实现了。2001年之前，瑞典并没有高端的教育水平，如今因为"博洛尼亚进程"，学生们可以在所有的欧洲签约国家获得学位。

三、海瑞克森：为卡罗琳斯卡医学院殚精竭虑

2004年，海瑞克森成为瑞典卡罗琳斯卡医学院历史上第一位女校长。每年的诺贝尔生理医学奖就是由卡罗琳斯卡医学院评选及颁发的。2001—2003年，

海瑞克森担任瑞典科学院医学研究委员会主席，在创建干细胞研究的伦理规范中扮演了重要角色。她同时也是卡罗琳斯卡医学院研究院院长。

海瑞克森1956年出生于瑞典首都斯德哥尔摩南部200公里的一个小镇。儿时的海瑞克森，喜爱在风雪中风驰电掣，喜欢滑雪运动给她带来的超越目标的感受，她梦想着长大后成为一名优秀的运动员，参加运动会，夺取金牌，但是后来她作为一名体操教师开始了自己的职业生涯。19岁，海瑞克森到美国学习体操教学，期间，海瑞克森的兴趣发生了变化，因为她又看到一个可以不断超越的空间。她似乎对教体操没那么有兴趣，倒是对在运动中人的身体会如何变化，血液在身体如何运行产生了极大兴趣。这时海瑞克森遇上了对自己影响至深的一位教授，他教学非常有激情，他能解释身体里发生的一些事情。海瑞克森总是听得如醉如痴。毕业时，教授找到海瑞克森说，你愿意跟我一起研究，一起工作吗？这对于当时年仅21岁的海瑞克森来说，就像是从天而降的礼物，海瑞克森说当然愿意。于是，她开始跟随教授做实验，比较男性和女性在运动中生理上的变化，并进行血液测试、心脏测试等各个指标的研究。从事科学研究并不是一条坦途，但是，当时对海瑞克森而言就是打开了一扇门。通过科学可以创造知识，可以发现一些新的知识，这种挑战让海瑞克森无比激动。

20世纪70年代，年轻的海瑞克森从美国学习体操教育归国，她意识到自己真正的兴趣在科学研究，科学之于自己像生命，努力成为一位医学科学家，这才是自己真正的梦想。很快，海瑞克森申请到斯德哥尔摩的卡罗琳斯卡医学院学习。海瑞克森获得生理学教育学位后，便开始了她的医学职业生涯。之后经过不懈努力，她先后攻读了糖尿病方向的硕士、博士学位，获得医学博士学位（临床型称为MD）和博士学位（科研型称为PhD）。1993年成为了临床生理学的一名专家。

在成为卡罗琳斯卡医学院校长之前，海瑞克森有12年的科研生涯：1998年被任命为生理学教授；1999—2001年，担任卡罗琳斯卡研究院院长，发表了130多篇学术文章。在科学研究中，海瑞克森真正做到了将基础科学和临床科学，通过自己的方法结合在一起。因为之前一直专攻临床生理学，海瑞克森就考虑如何把临床生理学和医学教育联结在一起。鉴于对糖尿病方面的研究兴趣，海瑞克森带领糖尿病科研团队，探索了糖尿病最基础的原理，洞悉了血糖在人身体里的运动规律，也考察了不同的血糖状态的病人状况。针对不同患者，设计了不同的研究方法。在世界范围内，包括中国，招募了一些科研人员组建研究小组。海瑞克森对自己在科研上的成就感到非常骄傲，她乐于同那些非常有天赋的人们一同工作。由于在糖尿病科研领域的突出成就，2002年，海瑞克森被任命为欧洲糖尿病研究协会副主席，并参与了多项国际合作项目。之后又担任了瑞典科学院医学研究委员会的主席。

作为瑞典卡罗琳斯卡医学院的第一位女校长，海瑞克森不仅有着作为教育家的强烈使命感，还有着作为一名教育实践者的紧迫感。同时，作为一位校长，她还不断总结领导的策略和方法。海瑞克森一共有6年的任期，2009年第一个任期结束，接着又竞选连任3年，2012年结束。对于海瑞克森来说，不同的任务会有不同的方法，在主持医学院的同时，她还继续从事研究工作。

海瑞克森认为，教育是改善世人生活的关键，教育不仅是解决人们生活中问题的关键，也是让每一个人生活得更好的关键。富国可以向穷国输入金钱、衣物和食品等，但这种帮助不会持久，为了与世界上的贫穷抗争，教育对每个人都至关重要。特别触动海瑞克森的是一次在法国里昂举办的国际会议，会议的主题是“当代社会的科学与技术”，会议组织方是想通过邀请年轻人参与讨论，从来自不同国家和地区的学生中获取不同的视角。与会代表有1000多人，都是来自不同国家的本科生、研究生，甚至还邀请了十三四岁的中学生。在会上，一位来自非洲肯尼亚的女孩令海瑞克森印象深刻，她走上台，试着用英语演讲，“我在台上非常激动，这是我第一次出国，第一次走出家乡的村庄，在法国，面对这么多的校长和政治家们演讲”。她说，她愿意传达给大家的信息是，“世界上的儿童最需要的是教育”。海瑞克森被她的话深深地打动了。一直以来，海瑞克森都记着这句话，记着在偌大的讲台上，一个单薄的黑人女孩站在那里说的一番话！海瑞克森意识到，自己不仅对卡罗琳斯卡医学院的学生负有责任，同时，也对全世界的学生承担着责任。

正因为如此，海瑞克森常常会想，我们怎样做才能提供好的教育？她认为，首先老师要真正地热爱教学，做到与众不同。然后，要有善于表达的手段，比如利用图表和数据，而不是只是站在学生面前说“这很重要，这很重要”，要告诉他们为什么这些事情很重要。最后，教学要有创新性，要让听讲的学生兴奋起来，你要讲故事，你要描述事情，让他们听起来有趣，能做到真正地吸引人。虽然并不是每个人都能做到这一点，但一所大学一定要有足够多的能吸引学生的老师。

作为一名大学校长，海瑞克森最深刻的体会是：管理必须有条理、有计划，并且细致有序地执行计划，同时，你一定要有做出牺牲的打算，只有勇敢面对问题和挑战，有准备、有担当，才能发挥出最佳实力。比如2005年的募资活动，任何人都没想到会募集到如此巨大的资金。除了前期工作筹划得非常好，多方沟通充分、组织得当外，还有很多具体细节做得很到位。

募资是一个漫长的过程。你不能直接跟人家说，请您为本校捐多少钱。海瑞克森花了两年甚至更多的时间，去交朋友，建立互相信任的关系，那几年，她几乎每天早上八点准备开会，跟各种社会关系见面、开会，讨论科学进展，讲讲自己现在正在做什么，有什么资源。海瑞克森需要给人留下好的印象，但事实上，每个人的情况都不一样，这些人对不同的科学项目有兴趣，他们想往这些项目上投钱，要见科学家，见海瑞克森。有些人募资的诉求不太直接，需要细心对待；而有些人非常非常有钱，要了解他们的特殊情况，比如说，他们不想登报。总之，整件事情都是要花很多时间。

刚开始建立关系时，最重要的是彼此信任，大家都期望双赢。捐赠者捐钱也要有收获的感觉，所以，在这些关系中，要明确他们真正想要的和需要的是什么。人和人是不一样的，有些人只想要报告，有些人会倾向参与某些环节的工作，因为这样能让人有成就感。对于具有体育竞技经历的海瑞克森来说，只要工作做到位，就坚信一切皆有可能。

现在海瑞克森的梦想是借助科学与教育给人们提供一个更好的生活环境，用科学和教育把人们联合起来，帮助人们，和现有的具有强大破坏力的疾病作斗争；希望人们不要对地球无尽地索取，而是要保护我们的环境；希望世界和平，努力尝试参与和平事业，让人类不再有战争。

四、女校长的女性事业

虽然说男女平等的理念为任何一个现代国家所认同和接受，但真正做到男女平等的国家并不多，瑞典就是其一。瑞典的很多领域不仅男女平等，而且在某些领域，女性还具有某些优势。比如，在议会里，基本上是男女比例平分；在大学里，有50%的校长是女性；即使在同一所大学，如果校长是男性，那么，毫无疑问，副校长一定是一位女性。可以说，瑞典在男女平权方面走在了世界的前列，这种女性权力的进步不是凭空得来的，是女性自己主动争取来的。作为三位校长的杰出女性，她们都为此付出过巨大的努力。

在担任查尔姆斯理工大学副校长和卡尔斯塔德大学校长期间，克里斯蒂娜积极推动男女平权的学术研究工作，设立扶持女性的科研项目，积极致力于提高女性在主要岗位的数量和比例。克里斯蒂娜组织过许多次研讨会，认真地探讨和分析女性潜力和能力的发挥。她还与女性研究者一起工作，会见年轻的妇女，与她们探讨职业生涯发展，设法激发她们的自信，了解她们的需求，也与之探讨相关挑战和困难，比如家庭生活、孩子和同样有一份职业的丈夫。克里斯蒂娜着手在大学的某些领导岗位进行改革，推进岗位性别的均衡。克里斯蒂娜招募了许多女性担任领导职务，有些男性感觉到来自女性的竞争越来越强，他们不能再想当然地得到某些职位了。当克里斯蒂娜离开卡尔斯塔德大学时，女教授的数目和女员工的人数都大大提升了。克里斯蒂娜如今从事的工作依然是支持女性研究人员。这是一个全国性的项目，通过一个竞争程序，遴选出一些女性，给她们提供资金支持，让她们到不同国家参与国际交流，参加一些领导力培训课程等等。

当初克斯汀作为哥德堡大学第一位女性系主任时，付出了异于常人的辛苦，她要设法证明自己。但当成为卡尔斯塔德大学校长时她似乎轻松了很多，因为前任校长也是一位女性，这对克斯汀很有帮助，她不用设法证明女性也可以成为大学校长了，但这不妨碍她兢兢业业地工作。克斯汀在大学建立了支持女教师发展的项目。她认为，从研究员到学校的领导者，这个过程不是很容易，比人们想象的要困难。很多女性都是学者或者是高级学者，但都是从事的是低级别的行政管理工作，她们没有时间成为教授，也就不能成为高层领导者。

海瑞克森担任卡罗琳斯卡校长之前曾有19位男性大学校长，该校一直由男性进行管理。卡罗琳斯卡医学院只有12%—13%的教授是女性，这个比例显然过低。海瑞克森意识到，自己需要做一件非常重要的事，即保证女性和男性有同样的机会。海瑞克森组织科研力量对学院内男性与女性进行比较研究，该研究并没有在教授内进行，而是在讲师的层面进行。事实上，通过对比，海瑞克森发现女性出版的成果几乎和男性的一样多，但女性拥有的研究经费和学生比男性少很多。而大学里当教授，必须能带上博士研究生，不过女性通常很少有这个机会。

海瑞克森致力于将学院的女教授比例从15%提升到40%。她设立初级教员计划，为那些想晋升教授、又想带学生的年轻女科学家们提供资金，鼓励她们实现跨越性成长；海瑞克森发现女性不像男性那样善于创建人际网络，她又为女性建立了一个网络，通过在网络上的聊天、研讨……认识和自己有相同境遇的，相互交流鼓励。同时，海瑞克森还建议大学董事会将捐款用于这些实质性的工作。